从零开始学

广东话

这本就够

施铭玮◎编著

中国纺织出版社

图文式视觉学习 好评No.1

随着两岸三地的旅游、经济、投资的和平稳定发展，往来越来越密切，学会说一口流利的广东话，是非常必要的。不管你的目的是什么，多学一种语言，就等于多了一种谋生、求职、经商的机会，融入当地文化，获得更大的发展。

香港、澳门是旅游购物天堂，因旅费不贵，游客和到澳门小试手气的人很多，世界地球村的时代来临了，不论是为了工作，为了旅行，为了求学，未来学广东话的人，也将越来越多。港澳遍地是黄金，李嘉诚能成为华人首富，必有其道理所在，到香港取经更是生意人一生一定要去的地方。如果你是个"追星族"，喜欢刘德华、张学友、郭富城、王菲等明星，或喜欢看港剧，更应该把广东话学好。

本书精心设计的内容，采用图文式自然记忆法，必定能让你的学习轻易而举、如鱼得水。

特色1： 针对从零开始的学习者，强调图文式视觉学习。

特色2： 角色扮演生动有趣，学习广东话超简单。

特色3： 跟着香港老师录制的MP3学习，掌握发音，反复练习，你就能轻轻松松学会地道广东话。

2

路路通

＊港澳、广东地区流行语排行榜

波　　士－老板（从英文的boss音译而来）
师　　奶－太太、家庭主妇
马　　迷－热衷于赌马的人
追 星 族－明星、歌星的崇拜者
靓　　仔－帅哥
靓　　女－美女
马　　仔－打手
飞　　仔－流氓
差　　人－警察
夹心阶层－中等收入的人士
基　　佬－男同性恋者（从英文的gay音译而来）
大 耳 窿－高利贷者
写 字 楼－办公大楼
士　　多－小商店（从英文的store音译而来）
造　　马－舞弊
爆　　棚－满座
爆　　格－入室盗窃
走　　鬼－躲警察的摊贩
跳 楼 货－便宜货
石屎森林－高楼大厦

本书基本结构与内容

❶ 每课一招 一课一招式，点出每课的学习重点和语法项目。以句型顺序安排每课的内容，由浅入深，并能知道它的中文意思。

❷ 聪明书 重要语句和惯用句的相关解说。除了该课本身的意思以外，也介绍它的反义词和相关用语、用法等。

❸ 精华例句 收集了与本课句型相关的四个最常用的例句，选句生动、活泼。此外，广东话字体稍大且字色不同，并附罗马音标示，以方便学习者反复练习。

❹ 替换练习 主要句型配合主题性单词反复练习，掌握学习的重点，老师也可以用游戏的方式，在课堂上与学生演练，以加深学习印象。

❺ 图文并茂 采用最新的"单词自然记忆法"，打破传统学习模式，让你一看便能知道其意；插图生动，可提高学习的兴趣。

❻ 简单会话 不同登场人物的对话，一问一答，突显句型的意义，会话中100个特定的场景，让你学会如何应用，使会话对答如流。

❼ 路路通 介绍最原汁原味的广东流行口语，让学习能超越一般课文内容，直接与生活结合，让你脱口说出地道的广东话。

❽ 流行口语补给站 语言背后所隐藏的意义，在这一部分有更深的说明，让你了解广东文化精髓，学习更富趣味。

❾ 单词盒 整理"轻松会话"中所出现的单词，只要配合MP3反复练习，学习广东话根本不用背单词。

目录

以前送报时，只要遇见客人，我就会抓住机会跟客人对话，如果对方听不懂，我就会想办法用其他的语词来表达，语言学习最重要的是勇于"开口"练习。

杂志社总编辑　林得凯

* * *

要学好一种语言，先决条件是尊重、并试着了解对方的文化。通过对彼此的了解与尊重，才能沟通顺畅，学会活的语言。

出版社主编　朱美欣

1 我系～

我是～

说明

☆ **名词＋系＋名词。**

是表示判断的句型。相当于中文的"我是～"的意思，简单的回答，肯定句时用"系"；否定时用"唔系"；疑问句时用"系唔系～呀？"。例如："我系明辉"（我是明辉）。

我系李小英。

ngo hai lei siu ying
我是李小英。

我系广东人。

ngo hai kwong tung yan
我是广东人。

我系留学生。

ngo hai lau hok sang
我是留学生。

我系台湾人。

ngo hai toi wan yan
我是台湾人。

10

我系_____。

警察
king chaat   警察

医生
yi sang   医生

邮差
yau cha   邮差

记者
gei je   记者

售货员
sau fo yuen   售货员

秘书
bei shu   秘书

11

会话一

A：我系陈大明。
ngo hai chan dai ming
我是陈大明。

B：我系李小英。
ngo hai lei siu ying
我是李小英。

A：请多多指教。
ching doh doh ji gaau
请多多指教。

会话二

A：我系留学生。
ngo hai lau hok san
我是留学生。

B：我系公司职员。
ngo hai kung si jik yuen
我是公司职员。

A：幸会，幸会。
hang wui hang wui
幸会，幸会。

12

＊早上见面——早晨，你好！

早上打招呼时，一般用"早晨，你好！"，广东话客气地称呼别人名字时用"～生"，另外，朋友之间见面可以说"嗨！"，它是从英文"hi"音译而来的。

A：王生，早晨！
王先生，早安！

B：陈小姐，早晨！
陈小姐，早安！

小词库

· **系**
hai
是

· **请**
ching
请

· **留学生**
lau hok san
留学生

· **指教**
ji gaau
指教

· **公司职员**
kung si jik yuen
公司职员

· **幸会**
hang wui
幸会

2 我唔系~

我不是~

说明

☆**名词＋唔系＋名词**

　　这是表示否定的句型。这里"唔"表示否定的意思，相当于中文的"不是~"之意。两个或两个以上的否定用"都唔系"，即"都不是~"。例如："佢唔系小英"（她不是小英）。

我唔系香港人。

ngo ng hai heung kong yan
我不是香港人。

我唔系广东人。

ngo ng hai kwong tung yan
我不是广东人。

我唔系学生。

ngo ng hai hok sang
我不是学生。

我唔系公务员。

ngo ng hai kung mo yuen
我不是公务员。

呢架唔系_____?

的士
dick si　　　　　出租车

电车
din cheh　　　　电车

电单车
din daan cheh　　摩托车

单车
dang cheh　　　　自行车

飞机
fei gei　　　　飞机

地铁
dei tit　　　　地铁

会话很easy

A：呢杯系唔系橙汁？

lei bui hai ng hai chaang jap

这杯是不是橙汁？

B：唔系，呢杯唔系橙汁。

ng hai lei bui ng hai chaang jap

不是，这杯不是橙汁。

A：咁系唔系酒？

gam hai ng hai jau

那么是不是酒？

A：我唔系中国人。

ngo ng hai chung gwok yan

我不是中国人。

B：咁你系边度人？

gam nei hai bin do yan

那么你是哪里人？

A：我系日本人。

ngo hai yat boon yan

我是日本人。

16

＊人称代词的用法

广东话的人称代词，表示第三人称时用"佢"，男性或女性均可用，可译作他（她）；表示两个以上的众多人称时，在人称代词后加上"哋"字，可译作"～们"。

	第一人称	第二人称	第三人称
单数	我 ngo 我	你 nei 你	佢 kui 他（她）
复数	我哋 ngo dei 我们	你哋 nei dei 你们	佢哋 kui dei 他（她）们

小词库

· 呢
lei
这

· 橙汁
chaang jap
橙汁

· 咁～
gam
那么～

· 酒
jau
酒

· 中国人
chung gwok yan
中国人

· 日本人
yat boon yan
日本人

17

3 系唔系～呀?

是不是～?

　　这是表示疑问的句型。"呀"加在句末作语助词，有缓和语气的作用。一般先回答"系"（是）或"唔系"（不是），然后再加上补充的内容。"系唔系～呀?"及"系～?"都是单纯的疑问句。例如："你系唔系广东人呀?"（你是不是广东人?）。

你系唔系陈生呀?

nei hai ng hai chan sang ah
你是不是陈先生?

你系唔系李小姐呀?

nei hai ng hai lei siu je ah
你是不是李小姐?

你系唔系香港人呀?

nei hai ng hai heung kong yan ah
你是不是香港人?

你系唔系上海人呀?

nei hai ng hai seung hoi yan ah
你是不是上海人?

你系唔系_____人呀？

中国人
zong guo yan 　　中国人

日本人
yan boon yan 　　日本人

韩国人
hon gwok yan 　　韩国人

美国人
mei gwok yan 　　美国人

英国人
ying gwok yan 　　英国人

法国人
fat gwok yan 　　法国人

会话一

A : 你系唔系香港人呀?
nei hai ng hai heung kong yan ah
你是不是香港人?

B : 系呀，我系。
ha ah ngo hai
是的，我是。

A : 我都系。
ngo doh hai
我也是。

会话二

A : 我唔系香港人。
ngo ng hai heung kong yan
我不是香港人。

B : 咁你系边度人呀?
gam nei hai bin do yan ah
那么你是哪里人?

A : 我系台湾人。
ngo hai toi wan yan
我是台湾人。

＊见面问候——饮咗茶未呀？

早上打招呼常说的一句话。可以译作"喝过早茶了吗？"。广东人喜欢早上到港式茶楼"饮茶"，传统的饮茶馆还是沿用"叫卖"的方式，不过，现在已经改成自助式的了。有机会到广东去一趟，不妨试试地道的广式饮茶吧！

A：早晨，饮咗茶未呀？
早安，喝过早茶了吗？

B：饮咗喇。
喝过了。

小词库

- **唔系**
  ng hai
  不是
- **都系**
  doh hai
  也是
- **咁**
  gam
  那么

- **边度**
  bin do
  哪里
- **台湾人**
  toi wan yan
  台湾人
- **香港人**
  heung kong yan
  香港人

21

4 我都系～

我也是～

这里的副词"都"有两种用法：1. "也"之意，表示两者相同的意思；2. 表示强调，作已经发生讲：我都话啦！（如我所说吧！）。肯定句时用"我都系～"；否定句时用"我都唔系～"，例如："我都系学生。"（我也是学生）。

我都系公司职员。

ngo do hai kung si jik yuen
我也是公司职员。

我都系家庭主妇。

ngo do hai ga ting ju fu
我也是家庭主妇。

我都系姓王嘅。

ngo do hai sing wong gei
我也是姓王的。

我都系记者。

ngo doh hai gei je
我也是记者。

我都系_____。

医生
yi sang 医生

差人
chaai yan 警察

消防员
siu fong yuen 消防员

工程师
kung ching si 工程师

老世
lo sai 老板

推销员
tui siu yuen 推销员

会话很easy

会话一

A：我系护士，你呢？
ngo hai wu si nei lei
我是护士，你呢？

B：我系空中小姐。
ngo hai hung chung siu je
我是空中小姐。

A：佢都系。
kui do hai
她也是。

会话二

A：我系香港人，你呢？
ngo hai heung kong yan nei lei
我是香港人，你呢？

B：我系台湾人。
ngo hai toi wan yan
我是台湾人。

A：我哋都系留学生。
ngo dei do hai lau hok sang
我们都是留学生。

*一般人的称呼

广东话的人称代词，年轻到中年的男性用"～生"，年老男性用"～伯"；年轻还没结婚的女性用"～小姐"，已结婚的中年女性用"～太"或"～师奶"。

	未婚	已婚	老年
男	（王）生 sang 先生	（王）生 sang 先生	（王）伯 baak 伯伯
女	（陈）小姐 siu je 小姐	（陈）太 tai 太太	（陈）师奶 si lai 太太

小词库

· **护士**
wu si
护士

· **空中小姐**
hung chung siu je
空中小姐

· **香港人**
heung kong yan
香港人

· **台湾人**
toi wan yan
台湾人

· **我哋**
ngo dei
我们

· **留学生**
lau hok sang
留学生

25

5 ~喺~

说明

☆**名词＋喺＋场所**

表示某物存在的句型。如"我喺门口等你"（我在门口等你）；"我喺学校"（我在学校）。

我喺屋企。

ngo hai uk kei
我在家。

餐厅喺一楼。

chaan teng hai yat lau
餐厅在一楼。

车站喺对面。

cheh jaam hai dui min
车站在对面。

厕所喺右手边。

chi soh hai yau sau bin
厕所在右手边。

我住喺_____附近。

公园
kung yuen 公园

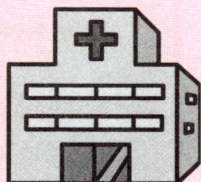

医院
yi yuen 医院

图书馆
to shu goon 图书馆

超级市场
chiu kap si cheung 超级市场

百货公司
ba fo kung si 百货公司

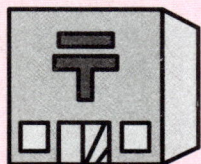

邮局
yau kuk 邮局

会话很easy

会话一

A：厕所喺边度呀？
chi soh hai bin do ah
厕所在哪里？

B：喺前面转左。
hai chin min juen joh
在前面左转。

A：唔该。
ng koi
谢谢。

会话二

A：喺边度等你呀？
hai bin do dang nei ah
在哪里等你呢？

B：喺火车站出口。
hai fo cheh jaam chut hau
在火车站出口。

A：好呀。
ho ah
好的。

＊路上碰面——乜咁啱嘅。

任何时候，在路上碰面或遇到熟人时都可以用。"乜"是疑问词，代表"怎么会"的意思。在轻松的场合突然看到别人出现，用来问候对方时用。这句话还含有"怎么会在这里看到你？"的意思。

A：乜咁啱嘅，去边呀？
真是巧了，你要去哪里？

B：去行街。
去逛街。

小词库

· 厕所
chi soh
厕所

· 边度
bin do
哪里

· 前面
chin min
前面

· 转左
juen joh
左转

· 火车站
fo cheh jaam
火车站

· 出口
chut hau
出口

29

～喺边度呀？

～在哪里呀？

☆名词＋喺边度呀？

表示询问地点的句型。"喺"之后接代词"边度"，代表"什么地方"之意，其他表示地方的代词用法还有"呢度、嗰度、嗰处、嗰处"等。例如："我喺车站"（我在车站）。

海关喺边度呀？

hoi gwaan hai bin do ah
海关在哪里？

差馆喺边度呀？

chaai goon hai bin do ah
警察局在哪里？

医院喺边度呀？

yi yuen hai bin do ah
医院在哪里？

课室喺边度呀？

fo sat hai bin do ah
教室在哪里？

说说看，看图来记忆！

_____喺边度呀？

· ·

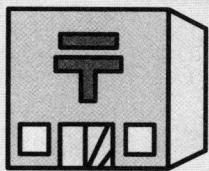

邮局
yau guk　　　　　邮局

银行
ngan hong　　　　银行

车站
cheh jaam　　　　车站

差馆
chaai goon　　　警察局

学校
hok hau　　　　　学校

餐厅
chaan teng　　　　餐厅

31

会话很easy

会话一

A : 唔该地铁站喺边度呀?
ngo koi dei tit jaam hai bin do ah
请问地铁站在哪里?

B : 喺前面转右。
hai chin min juen yau
在前面右转。

A : 好呀,唔该。
ho ah ng koi
好的,谢谢。

会话二

A : 边度有快餐店呀?
bin do yau fai chaan dim ah
哪里有快餐店?

B : 喺车站隔离。
hai cheh jaam kak lei
在车站旁边。

A : 唔该晒。
ng koi saai
谢谢你。

*晚上见面——食咗饭未呀？

傍晚打招呼的常用语。"食饭"是"吃饭"的意思。衣食住行是基本生活所需，只要吃得饱，就算生活无忧虑了。"呀"是发语词，广东话口语中经常出现。

A：乜咁啱嘅，食咗饭未呀？
真是巧了，吃过饭了没有？

B：食咗喇，你呢？
吃过了，你呢？

小词库

· **地铁站**
dei tit jaam
地铁站

· **前面**
chin min
前面

· **转右**
juen yau
右转

· **快餐店**
fei chaan dim
快餐店

· **隔离**
kak lei
旁边

· **唔该晒**
ng koi saai
谢谢你

7 （喺系）~度有~

在~（地方）有~

☆ **地方＋度有＋物品**

　　这是表示某处有某物的句型。"喺"后面接的是存在的场所，"度"是强调该物存在的地点，可译作"那里"的意思，例如："喺动物园度有狮子"（在动物园那里有狮子）。

呢度有枝笔。

lei do yau ji bat
这里有一支笔。

嗰度有床。

goh do yau chong
那里有床。

房间度有书。

fong gaan do yau shu
房间里面有书。

动物园度有企鹅。

dung mat yuen do yau kei ngo
动物园里有企鹅。

喺书台度有_____。

铅笔
yuen bat　　　　　铅笔

间尺
gaan chek　　　　　尺

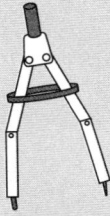

圆规
yuen kwai　　　　　圆规

钉书机
deng shu gei　　　　钉书机

较剪
gaau jin　　　　　剪刀

胶水
gaau sui　　　　　胶水

会话很easy

会话一

A : 柜桶度有咩呀？
gwai tung do yau meah ah
抽屉里有什么？

B : 柜桶度有书。
gwai tung do yau shu
抽屉里有书。

A : 啊，唔该。
ah ng koi
啊，谢谢。

会话二

A : 行李放喺边度呀？
hang lei fong hai bin do ah
行李放在哪里？

B : 放喺呢度得嘞。
fong hai lei do tak lak
放在这里就可以了。

A : 好呀。
ho ah
好的。

36

＊指示代词用法（一）

广东话的指示代词用"呢、嗰、边"，表示众多数目时，在指示代词后加上"～啲"字，可以译作"～些"；表示疑问时，用"边个？""边啲？"，可以译作"哪个？""哪些？"。

单数	**呢个** nei goh 这个	**嗰个** goh goh 那个	**边个** bin goh 哪个
复数	**呢啲** nei dick 这些	**个啲** goh dick 那些	**边啲** bin dick 哪些

小词库

- **边度**
  bin do
  哪里
- **书**
  shu
  书
- **柜桶**
  gwai tung
  抽屉

- **行李**
  hang lei
  行李
- **放**
  fong
  放
- **得嘞**
  tak lak
  就可以了

8 点（样）～呀？

~怎样做?

用于询问别人方法或情况时的疑问句型。"点"有"如何、怎样、怎么"的意思，例如："只要你钟意，点都得。"（只要你喜欢，什么都可以）。其他的用法还有"点解？"（为甚么）；"点知？"（什么～）；"点得？"（怎么可以？）。

去中环要点坐车呀？

hui chung waan yiu dim joh cheh ah
去中环要怎么坐车？

呢个手袋点卖呀？

lei goh sau doi dim mei ah
这个手提袋怎么卖？

呢封信点写呀？

lei fung shun dim se ah
这封信怎么写？

呢条数学点做呀？

lei tiu so hok dim jo ah
这道数学题怎么做？

_____点样做呀？

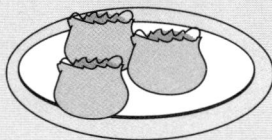

水饺
siu gaau 水饺

面包
min baau 面包

蛋糕
daan go 蛋糕

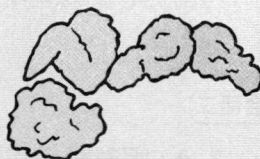

炸鸡翼
ja gai yik 炸鸡翅

拉面
lai min 拉面

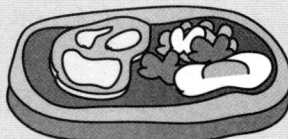

牛扒
ngau pa 牛排

会话一

A: 中环点去呀?
chung waan dim hui ah
中环怎么去?

B: 坐电车去。
joh din cheh hui
坐电车去。

A: 远唔远?
yuen ng yuen ga
会不会很远?

会话二

A: 呢对鞋点卖?
lei dui hai dim mai ga
这双鞋子怎么卖?

B: 一千蚊一对。
yat chin man yat dui
一千元一双。

A: 我想要细码嘅。
ngo seung yiu sai ma gei
我想要小号的。

40

* 道别时——咁唔阻你勒。

谈话结束，客气地与对方告别时用。深知不要误到别人宝贵的时间，客气地说这次的谈话实在是浪费了别人许多的时间，是有礼貌的说法。

A：你有要事做，咁唔阻你勒。

你有重要事要做，那么我就不浪费你时间了。

B：拜拜！

再见！

小词库

· **中环** chung waan 中环	· **鞋** hai 鞋子
· **电车** din cheh 电车	· **蚊** man 元
· **远** yuen 远	· **细码** sai ma 小号

41

9 ~几耐呀?

~要多久?

说明

用于询问时间的句型。可以译作"~要多久?""~花多少时间?"。"几"是问有关数字的疑问词,其他的还有"几多"(多少)、"几点"(几点)、"几个"(多少个)。例如:"你有几多钱呀?"(你有多少钱?)。

你等咗几耐呀?

nei dang joh gei noi ah
你等了多久?

坐车到九龙要几耐呀?

joh cheh do gau lung yiu gei noi ah
坐车到九龙要多久?

你嚟咗香港几耐呀?

nei lai joh heung kong gei noi ah
你来香港多久了?

要出国几耐呀?

yiu chut gwok gei noi ah
要出国多久?

坐_____到旺角要几耐呀？

巴士
ba si
　　　　公交车

飞机
fei gei
　　　　飞机

的士
dick si
　　　　出租车

飞翼船
fei yik suen
　　　　快艇

单车
daan cheh
　　　　自行车

私家车
si ga cheh
　　　　汽车

会话一

A : 你等咗几耐啦?
nei dang jo gei noi la
你等了多久?

B : 半个钟头。
boon goh chung tau
半个小时。

A : 唔好意思。
ngo ho yi si
不好意思。

会话二

A : 你嚟咗香港几耐呀?
nei lai joh heung kong gei noi ah
你来香港多久了?

B : 五个月。
ng goh yuet
五个月。

＊道别时——得闲再倾。

因为时间关系不能再多聊，又不好意思直接说出口时用。用"得闲再倾"，就是希望日后仍能再聊，只是现在实在抽不出时间来聊天，是"抱歉，没空再聊"的委婉说法。

A：我赶时间，第日再倾。

我赶时间，日后再聊。

B：好呀！

好的！

小词库

· 等
dang
等

· 钟头
chung tau
小时

· 唔好意思
ng ho yi si
不好意思

· 嚟
lai
来

· 香港
heung kong
香港

· 五个月
ng goh yuet
五个月

45

10 系～嚟嘅。

是～。

说明

☆ **名词＋系＋嚟嘅**

用来对某事或人作解释、说明的句型。前面是主语，后面是对主语所作的分类说明，疑问句把后面的“嘅”字改成“？”，例如：“乜嘢嚟？”（什么东西来着？）。

呢啲系绿茶嚟嘅。

lei dick hai luk cha lai gei

这些是绿茶。

佢系中国人嚟嘅。

kui hai chung gwok yan lai gei

他是中国人。

呢啲系米酒嚟嘅。

lei dick hai mei jau lai gei

这些是米酒。

呢张系翻版碟嚟嘅。

nei cheung hai faan baan dip lai gei

这是一张翻录的ＣＤ。

呢啲系_____嚟嘅。

兰花
lan fa
兰花

百合花
baak hap fa
百合

菊花
guk fa
菊花

水仙
sui sin
水仙

荷花
ho fa
荷花

梅花
mui fa
梅花

会话很easy

会话一

A：你坐乜嘢车嚟?
nei choh mat ye cheh lai ga
你坐什么车来的?

B：我行路嚟嘅。
ngo hang lo lai gei
我走路来的。

A：癐唔癐呀?
gwui ng gwui ah
累不累啊?

会话二

A：呢啲系乜嘢花嚟?
lei dick hai mat ye fa lai ga
这些是什么花?

B：几钱呀?
gei chin ah
多少钱?

A：50蚊一朵。
ng sap man yat doh
五十元一朵。

* 睡觉前——早的唞啦!

这句话如果照字面意思直译是"请早点休息"或"请早点睡觉",引申字义可当作晚上与人分别时的寒暄语。

A:**夜了,早啲唞啦!**
晚了,早点休息吧!

B:**晚安。**
晚安。

小词库

· **坐车**
joh cheh
坐车

· **行路**
hang lo
走路

· **癐**
gwui
累

· **百合花**
baak hap fa
百合

· **几钱**
gei chin
多少钱

· **五十蚊**
ng sap man
五十元

11 ~同埋~

~和~

说明

　　"同埋"表示两个同类东西并列的句型。有两个不同的意思：1. 连词，相当于"和"之意；2. 介词，相当于"跟、为"之意。例如："猫同埋狗"（猫和狗）。要注意的是，所提及的两种东西必须是相关或同类型的。

书台有银包同埋镜。

shu toi yau ngan baau tung mai geng
书桌上有钱包和镜子。

书包有书同埋笔。

shu baau yau shu tung mai bat
书包里有书和笔。

雪柜有鸡蛋同埋汽水。

suet gwai yau gai daan tung mai hei sui
冰箱里有鸡蛋和汽水。

今日同埋听日。

gam yat tung mai ting yat
今天和明天。

说说看，看图来记忆！

课室有_____同埋_____。

· ·

黑板
hak baan　　　　黑板

粉擦
fan chaat　　　　黑板擦

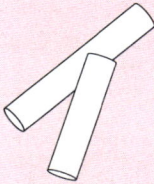

粉笔
fan bat　　　　粉笔

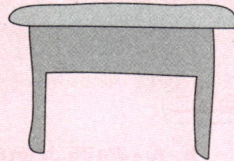

书台
shu toi　　　　书桌

教坛
gaau tan　　　　讲桌

凳
dang　　　　椅子

51

会话一

A：要食乜嘢呀?
yiu sik mat ye ah
要吃什么呢?

B：我要汉堡包同埋可乐。
ngo yiu hon bo baau tung mai ho lok
我要汉堡和可乐。

A：好呀。
ho ah
好的。

会话二

A：你要去边度呀?
nei yiu hui bin do ah
你要去哪里呢?

B：去行街。
hui hang gaai
去逛街。

A：咁好吖。
gam ho ah
真好啊。

＊收到礼物时——多谢晒你。

用在受到别人的恩惠或收到礼物后，表达感谢之意时的一般说法，回答时可以用"唔使客气"（不用客气）。广东话"动词＋晒"表示动作已完成，例如："饭盒已经卖晒。"（盒饭已经卖光了。）

A：咶靓嘅礼物，真系多谢晒你。
好漂亮的礼物，真是谢谢你了。

B：唔使客气。
不用客气。

小词库

· **乜嘢**
mat ye
什么

· **食**
sik
吃

· **汉堡包**
hon bo baau
汉堡

· **可乐**
ho lok
可乐

· **行街**
hang gaai
逛街

· **咶好吖**
gam ho ah
那么好；真好啊

~抑或~呀？ ／ ~定~呀？

还是~？

☆ **名词＋抑或＋名词**

　　表示两者选其一的疑问句。可以译作"是~吗？还是~吗？"的意思，例如："你要苹果抑或橙？"（你要苹果还是橙子）。因为是选择句，所以后面加"呀"。

要饭抑或面包呀？

yiu fan yik wak min baau ah
要米饭还是面包呢？

要去抑或唔去呀？

yiu hui yit wak ng hui ah
要去还是不去呢？

系甜抑或咸？

hai tim yik wak haam ga
是甜的还是咸的呢？

系你定系佢？

hai nei ding hai kui ga
是你的还是他（她）的？

你要_____抑或_____呀？

清水
ching sui　　　　白开水

豆奶
dau naai　　　　豆浆

茶
cha　　　　　茶

咖啡
ga fe　　　　咖啡

牛奶
ngau naai　　　牛奶

汽水
hei sui　　　　汽水

会话一

A：你要茶抑或汽水呀？
nei yiu cha yit wak hei sui ah
你要茶还是汽水呢？

B：我要茶。
ngo yiu cha
我要茶。

A：请慢用。
ching man yung
请慢用。

会话二

A：你钟意张学友抑或黎明呀？
nei chung yi cheung hok yau yik wak lai min ah
你喜欢张学友还是黎明呢？

B：我钟意张学友。
ngo chung yi cheung hok yau
我喜欢张学友。

A：我都系。
ngo do hai
我也是。

＊道别时——我走先啦。

外出、告别、上班时，对别人说的告别辞。注意广东话说"我走先"，普通话则说"我先走"，两者语序刚好相反。送行的一方则可以说："慢行"（慢走）。

A：够钟了，我走先啦。
时间到了，我要先走了。

B：慢行，慢行。
慢走，慢走。

小词库

· 茶
cha
茶

· 汽水
hei sui
汽水

· 慢用
man yung
慢用

· 张学友
cheung hok yau
张学友

· 黎明
lai ming
黎明

· 都系
do hai
也是

13 有冇～呀?

有没有～?

说明

☆ **有冇＋名词**

　　表示询问某人或某事物是否存在的句型。可以译作"有没有～?",简单回答时,只要用"有"或"冇"就可以了。例如:"树上有冇雀呀?"(树上有没有鸟?)。

有冇笔呀?

yau mo baat ah
有没有笔?

屋企有冇人呀?

uk kei yau mo yan ah
家里有没有人?

附近有冇邮局呀?

fu gan yau mo yau kuk ah
附近有没有邮局?

有冇得平啲呀?

yau mo tak ping dick ah
有没有便宜一点?

有冇_____卖呀？

古董
gu dung 古董

布
bo 布

字画
ji wa 字画

玉器
yuk hei 玉器

茶壶
cha wu 茶壶

纸扇
ji sin 扇子

会话很easy

会话一

A：外面落大雨喇。
ngoi min luk daai yu la
外面下大雨了。

B：你有冇带遮呀？
nei yau mo daai je ah
你有没有带雨伞？

A：有。
yau
有。

会话二

A：呢件衫有冇大码？
nei kin saam yau mo daai ma ga
这件衣服有没有大号的？

B：有，请等等。
yau ching dang dang
有，请等一下。

A：唔该。
ng koi
谢谢。

60

＊疑问指示词的用法

提出疑问的指示词，称疑问指示词，可以分下列四种：1. 边－在其中选一；2. 乜－不确定的人、事、物；3. 点－询问样子、状态；4. 几－询问数量、程度。

疑问指示词	边 bin	边个 bin goh （哪个）	边度 bin do （哪里）	边啲 bin dick （哪些）	边处 bin chue （哪里）
	乜 mat	乜嘢 mat ye （什么）	做乜嘢 joh mat ye （做什么）	乜咁～ mat gam （怎么那么～）	
	点 dim	点样 dim yeung （怎样）	点解 dim kei （为什么）	点知 dim ji （怎么知道）	
	几 gei	几多个 gei doh goh （几个）	几多钱 gei doh chin （多少钱）	几时 gei si （何时）	

小词库

· 落雨
luk yu
下雨

· 遮
je
雨伞

· 衫
saam
衣服

· 大码
daai ma
大号

· 等等
dang dang
等一下

· 唔该
ng koi
谢谢；麻烦了

61

呢个系乜嘢呀?

这是什么?

表示询问别人某事物、状态的句型。不确定的对象用"乜嘢"来表示,会话时常常简略发成"咩"(meah)音。用于询问众多数目的时候,用"呢啲"(这些);"嗰啲"(哪些)等,例如:"嗰啲系乜嘢茶呀?"(那些是什么茶?)。

呢啲系乜嘢呀?

lei dick hai mat ye ah
这些是什么?

要食乜嘢呀?

yiu sik mat ye ah
你要吃什么?

要听乜嘢歌呀?

yiu ting mat ye goh ah
要听什么歌?

呢条系乜嘢街?

lei tiu hai mat ye gaai
这条街是什么街?

说说看，看图来记忆！

呢啲系乜嘢花呀？ _____ 。

兰花
lan fa   兰花

百合花
baak hap fa   百合

菊花
guk fa   菊花

水仙
sui sin   水仙

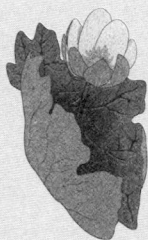

荷花
ho fa   荷花

梅花
mui fa   梅花

会话一

A：小姐，要买啲乜嘢呀？
siu je yiu mai dick mat ye
小姐，你要买什么？

B：我想要买T-shirt。
ngo seung yiu mai T-shirt.
我想要买T恤衫。

A：随便拣啦。
chui bin gaan la
随便挑吧。

会话二

A：呢件衫有乜嘢颜色呀？
lei kin saam yau mat ye ngaan sik ah
这件衣服都有什么颜色？

B：有红色同蓝色。
yau hong sik tung lam sik
有红色和蓝色。

A：我想要红色嘅。
ngo seung yiu hung sik gei
我想要红色的。

＊迎接回家的人——你返嚟拿。

对于外出回来的人表示迎接的招呼语。而回来的人可以对在家的人说"我返嚟喇"（我回来了）。

A：我返嚟拿。

我回来了。

B：老公，你返嚟拿。

老公，你回来了。

小词库

· **小姐**
siu je
小姐

· **拣**
gaan
挑选

· **T-shirt**
T-shirt
T恤衫

· **衫**
saam
衣服

· **红色**
hong sik
红色

· **蓝色**
lam sik
蓝色

15 净得~

只有~

说明

☆**净＋动词＋名词**

表示限定除此事物、行为以外，别无其他之意。可以译成"单是、只有、都是"；也有放在名词前面的特别用法，例如："净面"（阳春面），意指除了面之外，没有别的配料。

阿妹净食水果。

ah mui jing sik siu gwo
妹妹只吃水果。

陈太净得一个女。

chan tai jing tak yat goh nui
陈太太只有一个女儿。

我净得一蚊。

ngo jing tak yat baat man
我只有一元。

净收碎银。

jing sau sui ngan
只收零钱。

我朝早净饮＿＿＿＿＿。

绿茶
luk cha 　　　　　绿茶

乌龙茶
wu lung cha 　　　乌龙茶

龙井茶
lung jeng cha 　　龙井茶

香片
heung pin 　　　　花茶

牛奶
ngau naai 　　　　牛奶

果汁
gwo jap 　　　　　果汁

会话很easy

会话一

A：想食乜嘢呀？

seung sik mat ye ah

想吃什么？

B：我净系想食菜。

ngo jing hai seung sik choi

我只想吃菜。

A：咁我地去食斋啦！

gam ngo dei hui sik jai la

那么，我们去吃素食吧！

会话二

A：有冇提子卖呀？

yau mo tai ji mai ah

有没有葡萄卖？

B：卖晒喇，净得香蕉。

mai saai la jing tak heung jiu

卖完了，只剩香蕉。

A：咁我要香蕉。

gam ngo yiu heung jiu

那么我要香蕉。

68

＊告辞时——失陪。

谈话时中途退席，作客的一方向主人表示告辞时用。广东话"时候唔早"（晚了），还可以"晏"字来代替。

A：时候唔早，我先失陪啦。
天色已晚，我要先回去了。

B：好呀，慢行。
好的，请慢走。

小词库

· 菜
choi
蔬菜

· 斋
so
素食

· 香蕉
heung jiu
香蕉

· 提子
tai ji
葡萄

· 苹果
ping gwo
苹果

· 卖晒
mai saai
卖完

69

16 唔该俾～我呀

麻烦给我～

这是请求对方做某事的句型。是说话者请求听话者做某事的说法，可以译作"麻烦～""请～"。更有礼貌的说法可以用"可唔可以请你～"。例如："唔该俾个护照我睇吓。"（麻烦给我看一下护照）。

唔该俾杯酒我呀。

ngo koi bei bui jau ngo ah
麻烦给我一杯酒。

唔该俾张邮票我呀。

ngo koi bei jeung yau piu ngo ah
麻烦给我一张邮票。

唔该俾个餐牌我呀。

ngo koi bei goh chaan pai ngo ah
麻烦给我一份菜单。

唔该攞件衫俾我睇吓。

ng koi loh kin saam bei ngo tai ah
麻烦拿那件衣服给我看看。

唔该俾一斤_____我呀。

白菜
baat choi　　　　　大白菜

红萝卜
hung loh baak　　　胡萝卜

青瓜
cheng gwa　　　　黄瓜

香芹
heung kan　　　　芹菜

茄瓜
ka gwa　　　　　茄子

粟米
suk mai　　　　　玉米

会话很easy

会话一

A:唔该俾三张邮票我呀。

ngo koi bei sam cheung yau piu ngo ah

麻烦给我三张邮票。

B:好嘅，总共10蚊。

ho gei jung kung sap man

好的，总共10元。

A:啊！唔好意思，要两张就够了。

ah ng ho yi si yiu leung cheung jau gau liu

啊！不好意思，要两张就够了。

会话二

A:唔该俾（一）杯豆奶我呀。

ng koi bei yat bui dau naai ngo ah

麻烦给我一杯豆浆。

B:你要大定细?

nei yiu daai ding sai ga

你要大杯还是小杯的呢?

A:我要大杯嘅。

ngo yiu daai bui gei

我要大杯的。

72

*指示代词用法（二）

广东话表示地点的词有：呢度 – 此地、这里；嗰度 – 那里（较远处）；边度 – 何处、哪里（问句），表示场所的指示词"喺"常放在这些词的前面。例如："阿杰喺呢度。"（阿杰在这里）。

	这	那	哪
度	呢度 lei do 这里	嗰度 goh do 那里	边度 bin do 哪里
嗰	呢个 lei goh 这个	嗰个 goh goh 那个	边个 bin goh 哪个
处	呢处 lei chue 这里	嗰处 goh chue 那里	边处 bin chue 哪里

小词库

- **邮票**
  yau piu
  邮票
- **总共**
  jung kung
  总共
- **蚊**
  man
  元
- **一杯**
  yat bui
  一杯
- **豆奶**
  dau naai
  豆浆
- **大细**
  daai sai
  大小

17 几（多）~

多少~

说明

用于询问所需时间或所需费用。疑问词"几"后可接数词，例如"几高（多高）、几长（多长）、几支（多少支）"等等。表示程度的时候，"几"还可以译作"相当""还"，例如："佢几靓。"（她挺漂亮的）。

有几多件行李?

yau gei do kin hang lei
有多少件行李？

去学校要几耐?

hui hok hau yiu gei noi
去学校要多久？

份礼物几钱?

fan lai mat gei chin
这份礼物多少钱？

今日几号?

gam yat gei ho
今天几号？

依家几点呀？ _____。

两点零五分 / 两点一个字

leung dim ling ng fan/leung dim yat goh ji

两点零五分

差一个字到八点 / 差五分钟到八点

cha yat goh ji do baat dim/cha ng fan chung do baat dim

差五分钟八点

两点正	**七点半**	**十二点正**
leung dim jeng	chat dim boon	sap yi dim jeng
两点整	七点半	十二点整

会话一

A：蛋治一份几钱呀？
daan ji yat fan gei chin ah
鸡蛋三明治一份多少钱？

B：十蚊一份。
ng man yat fan
十块钱一份。

A：唔该俾（一）份我。
ng koi bei yat fan ngo
麻烦给我一份。

会话二

A：坐巴士到机场要几耐呀？
joh ba si doh gei cheung yiu gei noi ah
坐公交车到机场要多久？

B：要一个钟头。
yiu yat goh cheung tau
要一个小时。

A：咁坐的士呢？
gam joh dick si lei
那么坐出租车呢？

*几的问法

广东话询问别人有关时间、数量、金钱时，用"几"，例如："几本书？"（几本书）；"几多"可以用于询问"人、时间、金钱"，例如："几多人？"（多少人）、"几多日？"（多少天），"多"字也可以省略。

	时间	时刻	长度	金钱	高度	数量
几	几耐 gei noi 多久	几点 gei dim 几点	几长 gei cheung 多长	几钱 gei chin 多少钱	几高 gei go 多高	几件 gei kin 多少件
几多		几多点 gei doh dim 几点		几多钱 gei doh chin 多少钱		几多件 gei doh kin 多少件

小词库

· 蛋治
daan ji
鸡蛋三明治

· 几钱
gei chin
多少钱

· 一份
yat fan
一份

· 几耐
gei ngoi
多久

· 巴士
ba si
公交车

· 的士
dick si
出租车

18 咁~

那么~

"咁"字有两个读音和用法。1. 单独时用时，有"那么，~"的意思。例如："咁，下次吧！"（那么，下次吧！）；2. 后接形容词，有"那么~的样子"的意思。例如："咁高"（那么高）。

咁贵嘅鞋。

gam gwai gei hai
那么贵的鞋子。

咁多功课。

gam doh kung fo
那么多功课。

咁大嘅蛋糕。

gam dai gei dan go
那么大的蛋糕。

咁新嘅车。

gam san gei cheh
那么新的车。

78

咁多_____食唔晒。

点心
dim saam　　点心

面
min　　面条

广东粥
kwong tung juk　　广东粥

炒饭
chaau fan　　炒饭

咖喱饭
ga lei fan　　咖喱饭

烧鸭
siu ap　　烧鸭

会话一

A: 着咁靓，去边呀?
ju gam leng hui bin ah
穿那么美，要去哪里?

B: 同朋友去睇戏。
tung pang yau hui tai hai
跟朋友去看电影。

A: 咁好吖!
gam ho ah
真好啊!

会话二

A: 你好无精神咁喎。
nei ho mo jing san gam wo
你看起来很没有精神。

B: 琴晚好夜瞓。
kam man ho ye fan
昨天很晚才睡。

A: 早啲休息啦!
jau dick yau sik la
早点休息吧!

* 久别会面——咁耐无见呀!

对于久别会面的朋友，碰面打招呼时的用语。可以译作："好久不见"。后面常会接"最近点呀？"（最近过得怎么样）、"忙的咩野呀？"（在忙什么呀）等。表示长时间，广东话用"咁耐"（那么久）、"好耐"（好久）。

A：咁耐无见呀！最近点呀？
　　好久不见，最近在忙什么？

B：都系咁啦。
　　生活如常。

小词库

· 咁靓
gam leng
那么漂亮

· 边度
bin do
哪里

· 睇
tai
看

· 精神
jing san
精神

· 琴晚
kam man
昨天晚上

· 夜瞓
ye fan
晚睡

19 喺~嚟

从~来；从~回来

说明

☆ 从+地方+嚟

　　表示从某一地点到另一地点，或某一时间到另一时间，可以译作"从~来"，"嚟"就是往自己方向而进，也有"从~去"的用法。单独用"嚟"字，就是普通话的"来"，与它相对的意思是"去"。

我喺美国嚟。

ngo chung mei gwok lai
我从美国来。

我喺公司番嚟。

ngo chung kong si fan lai
我从公司回来。

我搭巴士嚟。

ngo daap ba si lai
我坐公交车来。

我喺外地嚟。

ngo chung ngoi dei lai
我从外地来。

说说看，看图来记忆！

我每日搭＿＿＿＿嚟学校。

· ·

巴士
ba si
公交车

的士
dick si
出租车

地铁
dei tit
地铁

电车
din cheh
电车

电单车
din daan cheh
摩托车

单车
daan cheh
自行车

会话一

A：你点嚟?
nei dim lai ga
你是怎么来的?

B：我坐地铁嚟。
ngo joh dei tit lai
我坐地铁来的。

A：要坐几耐呀?
yiu joh gei noi ah
要坐多久呢?

会话二

A：你嚟香港几耐啦?
nei lai heung kong gei noi la
你来香港多久了?

B：一个礼拜。
yat goh lai baai
一个星期。

A：咁你去过唔少地方囉。
gam nei hui goh ng siu dei fong loh
那么你已经去过不少地方了吧。

＊方向词语"嚟、去"的用法

广东话的"嚟"，表示移动方向，是向说话者靠近；"去"表示离开说话者而去。此外，"番／返"可以用在"嚟、去"之前作补语，表示"回复、重复"的意思，例如："（返）上嚟"（回来）、"（返）入嚟"（进来）等等。以"嚟"和"去"为中心，可以有下列几种说法：

	上	落	出	入	返	过	埋	开
嚟	上嚟 seung lai 上来	落嚟 lok lai 下来	出嚟 chut lai 出来	入嚟 yap lai 进来	返嚟 fan lai 回来	过嚟 gwo lai 过来	埋嚟 mai lai 靠过来	开嚟 hoi lai 走进
去	上去 seung hui 上去	落去 lok hui 下去	出去 chut hui 出去	入去 yat hui 进去	返去 fan hui 回去	过去 gwo hui 走过去	埋去 mai hui 靠过去	开去 hoi hui 走出去

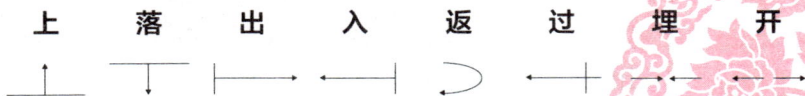

小词库

- **点**
  dim
  怎样
- **地铁**
  dei tit
  地铁
- **学校**
  hok hau
  学校
- **几耐**
  gei noi
  多久
- **礼拜**
  lai baai
  星期
- **唔少**
  ng siu
  不少

20 去～做（目的）

去～做（目的）

说明

表示动作的目的。句子焦点放在后面动词短语的部分。要注意动作与发生的场所必须合理，不能模棱两可。

去戏院睇戏。

hui hai yuen tai hei
去电影院看电影。

去餐厅食饭。

hui chaan ting sik fan
去餐厅吃饭。

番屋企瞓觉。

fan uk kei fan gaau
回家睡觉。

去卡拉ＯＫ唱歌。

hui ka la o k cheung go
去KTV唱歌。

佢去书店买_____。

杂志
jaap ji 　　　　杂志

食谱
sik po 　　　　食谱

字典
ji din 　　　　字典

百科全书
baak fo chuen shu 　　百科全书

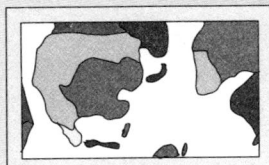

地图
dei to 　　　　地图

月刊
yuet hon 　　　　月刊

会话一

A：你要去边度呀?
nei yiu hui bin do ah
你要去哪里?

B：我要去油麻地买嘢。
ngo yiu hui yau ma dei mai ye
我要去油麻地买东西。

A：几点去呀?
gei dim hui ah
几点去呀?

会话二

A：去尖少咀做乜嘢呀?
hui jim sa jui joh mat ye ah
去尖沙咀做什么?

B：去尖沙咀睇表演。
hui jim sa jui tai biu yin
去尖沙咀看表演。

A：咁好吖!
gam ho ah
真好啊!

＊到别人家作客时——打搞晒啦。

到别人家拜访，临行前告辞的客套话。相反，要进门拜访时，则可以把"晒"去掉，用"打搞啦"，主人可以回答："点会呀"（怎么会呢）。

A：今日真系打搞晒你哋。

今天真是打扰你们了。

B：点会呀。

怎么会呢。

小词库

· **油麻地**
yau ma dei
油麻地

· **买嘢**
mai ye
买东西

· **几点**
gei dim
几点

· **尖沙咀**
jim sa jui
尖沙咀

· **表演**
biu yin
表演

· **咁好吖**
gam ho ah
那么好；真好啊

21 一边～一边～

一边～一边～

说明

表示前面的动作和后面的动作同时进行。前面的为副动作，后面的为主动作，在会话中，常常会把"一"省掉而变成"边～边～"；较口语的说法可以说"一路～一路～"例如："一路唱一路跳"（一边唱歌，一边跳舞）。

一边听音乐，一边做家课。

yat bin ting yam ngok yat bin joh ga fo

一边听音乐，一边做功课。

一边睇报纸，一边食饭。

yat bin taai bo ji yat bin sik fan

一边看报纸，一边吃饭。

一边打电话，一边开车。

yat bin da din wa yat bin hoi cheh

一边打电话，一边开车。

一边读书，一边写字。

yat bin duk shu yat bin se ji

一边读书，一边写字。

说说看，看图来记忆！

一边睇电视，一边食_____。

苹果
pin gwo   苹果

提子
tai ji   葡萄

橙
chaang   橙子

西瓜
sai gwa   西瓜

波萝
boh loh   菠萝

雪梨
suet lei   雪梨

会话很easy

A : 你中午得唔得闲呀?

nei chung ng tak ng tak haan ah
你中午有没有空?

B : 得闲。

tak haan
有空。

A : 咁边食饭边倾啦。

gam bin sik fan bin king la
那么边吃饭边讨论吧。

A : 你做紧乜嘢呀?

nei joh gan mat ye ah
你在做什么?

B : 一边睇电视,一边读书。

yat bin taai din si yat bin duk shu
一边看电视,一边读书。

A : 咁都得?

gam do tak
这样也可以?

＊受到恩惠时——咁样点系呀。

领受别人的恩惠时，向别人表示谢谢的客套话，也可以简单的说"点系呀"。

A：呢个送俾你。

这个送给你。

B：咁样点系呀。

怎么好意思呢。

小词库

· **中午**
chung ng
中午

· **得闲**
tak haan
有空

· **倾**
king
讨论

· **做紧～**
joh gan
正在做～

· **电视**
din si
电视

· **得**
tak
可以

22 因为～所以～

因为～所以～

说明

> 表示因果关系的句型。前面"因为～"表示原因、理由的连接词；后面"所以～"是因为这一原因而造成的结果。若要强调发生的原因，可以改成"～之所以，因为～。"；口语表达可以加上"加因"，例如："佢之所以咁做，加因爱你。"（他这样做，全因为爱你）。

因为落雨，所以留喺屋企。

yan wai lok yu soh yi lau hai uk kei
因为下雨，所以待在家里。

因为感冒，所以请假。

yin wai gam mo soh yi ching ga
因为感冒，所以请假。

因为肚饿，所以食嘢。

yin wai to ngo soh yi sik ye
因为肚子饿，所以吃东西。

因为太远，所以搭车去。

yan wai tai yuen soh yi daap cheh hui
因为太远，所以坐公交车去。

因为放假，所以去_____。

睇港产片
tai kung chaan pin　　看港片

唱卡拉OK
cheung ka la ok　唱卡拉OK

烧烤
siu hau　　　　　烤肉

爬山
pa san　　　　　爬山

钓鱼
diu yu　　　　　钓鱼

跳舞
tiu mo　　　　　跳舞

会话很easy

会话一

A：去唔去饮酒呀?

hui ng hui yam jau ah

要不要去喝酒?

B：因为要加班，所以唔去得。

yin wai yiu ga baan soh yi ng hui tak

因为要加班，所以不能去。

A：咁，下次啦!

gam ha chi la

那么，下次吧!

会话二

A：点解琴日冇嚟上堂呀?

dim kei kam yat mo lai seung tong ah

为什么昨天没有来上课?

B：因为伤风，所以请假了。

ying wai seung fong soh yi ching ga liu

因为感冒，所以请假了。

A：要保重啊。

yiu bo chung ah

要保重啊。

96

*安慰对方——唔紧要啦。

叫对方别担心或安慰对方时用，其他的还可以说："唔使担心""冇紧要啦"等。

A：数学又唔合格了。
数学又不及格了。

B：唔紧要啦，下次努力。
没有关系，下次努力。

小词库

- **饮**
yam
喝
- **酒**
jau
酒
- **加班**
ga baan
加班

- **琴日**
kam yat
昨天
- **上堂**
seung tong
上课
- **伤风**
seung fong
感冒

23 又~又~

说明

表示除了上述之外还有另一种情况。可以译作"又~又~"前后两者意思要相类似，可以同时是正面或负面的内容，其他相似的用法还有"不突只""唔单只"等等。例如："部电脑又贵又唔实用。"（那台电脑又贵又不实用）。

菜又贵又唔好食。

choi yau gwai yau ng ho sik

菜又贵又不好吃。

佢又食烟又饮酒。

kui yau sik yi yau yam jau

他又抽烟又喝酒。

佢又高又大只。

kui yau go yau dai je

他又高又壮。

学习又轻松又愉快。

hok jaap yau hing sung yau yu faai

学习又轻松又愉快。

_____又平又靓。

苹果
pin gwo　　　　苹果

提子
tai ji　　　　葡萄

橙
chaang　　　　橙子

西瓜
sai gwa　　　　西瓜

波萝
boh loh　　　　菠萝

雪梨
suet lei　　　　雪梨

99

会话一

A：最近开咗间新餐厅。
jui kan hoi joh gaan san chaan teng
最近开了一家新的餐厅。

B：啲嘢好唔好食？
dick ye ho ng ho sik ga
（那里的）食物如何？

A：又平又抵食。
yau ping yau dai sik
又便宜又划算。

会话二

A：我唔想番工了！
ngo ng seung fan dung liu
我不想工作了！

B：点解呀？
dim kai ah
为什么？

A：工作又忙又低薪。
kung jok yau mong yau dai san
工作又忙工资又低。

*询问意见时——点呀？

征求别人意见或因担心而询问别人生活、起居、状况时用。广东话的"点"是疑问词，是"怎么样？"的意思。"呀"字没有意思，放在句末，可以用来缓和语气。

A：最近工作点呀？

最近工作怎么样？

B：日日都好忙。

天天都很忙。

小词库

· **最近**
jui kan
最近

· **餐厅**
chaan teng
餐厅

· **平**
ping
便宜

· **抵食**
dai sik
划算

· **番工**
fan kung
工作；上班

· **忙**
mong
忙碌

101

24 等~吓

让我~一下。

说明

表示恳求别人同意自己做某事的句型。"等"是介词，有"让"的意思，这句可以译作"让我~看一看。"，朋友之间都可以用。更客气的说法可以用"唔该你俾~吓。"（麻烦你给~看看），例如："等我食吓。"（让我吃吃看）。

等我睇吓！

dan ngo tai ha
让我看看！

等佢做吓！

dang kui joh ha
让他（她）做做看！

等我写吓！

dang ngo se ha
让我写写看！

等我试吓！

dang ngo si ha
让我试试看！

等我试吓呢件_____先！

西装
sai jong

西装

晚礼服
man lai fook

晚礼服

套装
to jong

套装

婚纱
fan sa

婚纱

外套
ngoi to

外套

短裙
duen kwan

短裙

会话一

A：新开嗰间铺头啲点心唔错啊！
san hoi goh gaan po tau dick dim sam ng choh ah
新开的那家店的点心不错啊！

B：我都好想试吓。
ngo do ho seung si ah
我也很想试试看。

A：等我下次带你去啦！
dang ngo ha chi daai nei hui la
下次我带你去吧！

会话二

A：件行李好重啊！
kin hang lei ho chung oh
这件行李很重啊！

B：等我嚟啦！
dang ngo lai la
让我来帮你吧！

❋ 时态用法

广东话动词之后可以接各种接尾词，用以表示时态，表示动作已完成用"咗"或"晒"；表示过去的经历用"过"；正在进行的动作用"嘅"；表示动作静止的状态用"住"。表示动作发生时间的助词介绍：

时态 动词	过去	过去	结束 现在	进行 静止	状态 过去
食 （吃）	食咗 sik joh	食晒 sik saai	食嘅 sik gan	食住 sik ju	食过 sik gwo
去 （去）	去咗 hui joh	去晒 hui saai	去嘅 hui kan		去过 hui gwo
做 （做）	做咗 jo joh	做晒 jo saai	做嘅 jo kan	做住 jo ju	做过 jo gwo
到 （到）	到咗 do joh				到过 do gwo
睇 （看）	睇咗 taai joh	睇晒 taai saai	睇嘅 taai kan	睇住 taai ju	睇过 taai gwo

小词库

- **新开**
  san hoi
  新开业
- **嗰间**
  goh gaan
  那间
- **点心**
  dim sam
  点心

- **唔错**
  ng choh
  不错
- **行李**
  hang lei
  行李
- **重**
  chung
  重

105

那么~

说明

☆**咁＋形容词＋吖**

程度副词"咁"有两个不同的读法，意思也不同。1. 单独使用时，表示"那么~"之意；2. 用在动词前面，表示"按照~做"之意；3. 用在形容词后面表示"这样~的程度"之意。

条裤咁贵吖！

tiu fu gam kwai ah
裤子那么贵！

你咁耐吖！

nei gam noi ah
你那么久！

你咁早吖！

nei gam jo ah
你那么早！

你食咁多吖！

nei sik gam doh ah
你吃那么多！

_____咁新吖！

电视机
din si gei　　　　电视机

收音机
sau yam gei　　　　收音机

电话
din wa　　　　电话

电脑
din no　　　　电脑

雪柜
suet gwai　　　　电冰箱

洗衣机
sai yi gei　　　　洗衣机

会话一

A：咁晏先食饭吖？
gam an sin sik fan ah
那么晚才来吃饭？

B：工作太忙喇。
kung jok tai mong la
工作太忙了。

A：注意休息啊！
jui yi yau sik ah
注意休息啊！

会话二

A：着咁靓吖？
juk gam leng ah
穿得那么美？

B：约咗朋友出去。
yuk joh pang yau chu hui
约了朋友出去。

A：咁好吖！
gam ho ah
那么好！

＊为别人做事后——唔使客气。

劝客人食用或向对方表示同意、许可、劝导等场合可以用"随便啦"，若是害怕别人会拘礼时，可以加上"唔使客气"（不用客气），更有礼貌的说法可以在前面加上"请"字。

A：呢啲系我从乡下带嚟嘅特产。

这是我从家乡带来的特产。

B：随便食啦，唔使客气。

请随便吃，不用客气。

小词库

· **晏**
an
晚

· **食饭**
sik fan
吃饭

· **工作**
kung jok
工作

· **着**
juk
穿

· **靓**
leng
美丽

· **番嚟**
fan lai
回来

26 不如~吖／啦

不如~吧！

说明

表示向别人提出建议时用。"吖"放在句末，带有建议的语气，例如："去睇戏吖！"（去看电影吧！）；也有表示警告的"吖拿"的用法，例如："你再打人吖拿！"（如果你再打人的话~），语气更强烈。

不如你试下吖！

but yu nei si ha ah
不如你试试看吧！

不如去饮茶吖！

but yu hui yam cha ah
不如去喝港式茶吧！

不如唔好买啦！

but yu ng ho mai la
不如不要买吧！

不如打电话吖！

but yu daai din wa ah
不如打个电话吧！

情人节不如送_____吖！

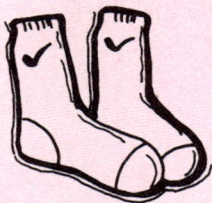

袜
mat   袜子

领呔
ling tai   领带

钻石
juen sek   钻石

戒指
gaai ji   戒指

银包
ngan baau   钱包

书包
shu baau   书包

会话一

A : 情人节送乜嘢礼物好呀?

ching yan ji sung mat ye lai mat ho ah

情人节送什么礼物好呢?

B : 不如送朱古力吖!

but yu sung ju gu lik ah

不如送巧克力吧!

A : 好主意。

ho ju yi

好主意。

会话二

A : 今日食乜嘢好呀?

gam yat sik mat ye ho ah

今天吃什么好呢?

B : 不如去食广东菜吖?

bat yu hui sik kwong tung choi ah

不如去吃广东菜?

A : 咁就去啦!

gam jau hui la

那就去吧!

＊做决定时——一于系咁话。

经过考虑或讨论之后，下定决心去做某一件事时用。此时，说话者心里其实已经很有把握，一定能把事情做好的意思。别的说法可以用"就咁决定吧！"

A：一于系咁话，唔使再考虑了。
　　就这样决定吧，不用再考虑了。

B：不过~
　　不过~

小词库

· 情人节
ching yan jit
情人节

· 礼物
lai mat
礼物

· 朱古力
ju gu lik
巧克力

· 主意
ju yi
主意

· 乜嘢
mat ye
什么

· 广东菜
gwon tung choi
广东菜

几~／好~

有点~／很~

说明

　　表示程度相当的句型。用在形容词或表示程度的词语之后，是比较委婉的说法。可以译作"有点""还算"；例如："佢几叻。"（他挺聪明的）。后接否定形态时可以用"唔系几~"，例如："唔系几多"（不怎么多）。

今日几冻。

gam yat gei dung
今天有点冷。

发音几好。

faat yam gei ho
发音挺好的。

佢都几高。

kui doh gei go
他还挺高的。

旅行几好玩。

lui hang gei ho waan
旅行挺好玩的。

今日＿＿＿＿嘅运势几好。

水瓶座
tin ping joh　　水瓶座

牡羊座
muk yeung joh　　白羊座

双子座
seung ji joh　　双子座

金牛座
gam ngau joh　　金牛座

双鱼座
seung yu joh　　双鱼座

摩羯座
mo kit joh　　魔羯座

会话一

A: 套戏好唔好睇吖?
to hei ho ng ho tai ah
那部电影好不好看?

B: 几好睇啦。
gei ho tai la
还挺好看的。

A: 咁去睇囉。
gam hui tai loh
那么去看吧。

会话二

A: 天气咁好,出去玩啦!
tin hei gam ho chut hui waan la
天气那么好,出去玩吧!

B: 我唔系几想去。
ngo ng hai ho seung hui
我不是很想去。

A: 点解呀?
dim gei ah
为什么呢?

* 赞扬别人时——够晒犀利。

适用于各种场合，无论人、事、物等各种状况让你觉得很棒的时候，表示赞叹的一句话。

A：**佢年年都考第一。**

他每年考试都考第一名。

B：**够晒犀利。**

真是厉害。

小词库

· **戏**
hei
电影

· **睇**
tai
看

· **咁**
gam
那么

· **天气**
tin hei
天气

· **玩**
waan
玩

· **点解**
dim gei
为什么

117

28 ~就系~嘞!

~就是~了!

☆ **名词＋就系＋名词＋嘞**

　　根据目睹的情况作肯定的叙述。"就系"相当于"是"的意思；后面的"嘞"是语气助词，含有确认的意思，可以省略。例如："呢个就系我阿爸嘞!"（这个就是我爸爸了!）

嗰度就系车站嘞!

goh do jau hai cheh jam lak
那里就是车站了!

嗰座就系太平山嘞!

goh joh jau hai tai pin saan lak
那个就是太平山了!

呢位就系林太嘞!

lei wai jau hai lam tai lak
这位就是林太太了!

呢座就系尖沙咀钟楼嘞!

lei joh jau hai jam sa jui jung lau lak
这个就是尖沙咀钟楼了!

呢个就系我＿＿＿＿嘞！

阿爸
ah ba 　　　　　　爸爸

阿妈
ah ma 　　　　　　妈妈

阿哥
ah goh 　　　　　　哥哥

阿妹
ah mui 　　　　　　妹妹

细佬
sai lo 　　　　　　弟弟

家姐
ga je 　　　　　　姐姐

会话很easy

会话一

A：呢位就系我家姐嘞！
lei wai jau hai ngo ga je lak
这位就是我姐姐了！

B：幸会，幸会。
hang wui hang wui
幸会，幸会。

A：佢比我大两岁。
kui bei ngo dai leung sui
她比我大两岁。

会话二

A：呢度就系旺角嘢！
lei do jau hai wong kok lak
这里就是旺角了！

B：有乜嘢最出名??
jau mat ye jau chut ming ga
有什么最有名的？

A：女人街最出名。
lui yan gaai jui chut ming
女人街最有名。

120

*助动词的使用

这里介绍的助动词有"要、想、识"等，可以用来表示"愿意、要求、意志"等主观判断，意思大致与普通话相同；动词前加"唔"，表示否定的意思，例如："我唔钟意猫。"（我不喜欢猫）。

主语	副词	助动词	动词	补语	疑问词
我 Ngo	想 seung	学 hok	广东话。 kwong tung wa		
你 Nei	要 yiu	买 mei	一部相机 yat bo seung gei		吗? ma
你 Nei	识 sik	讲 kong	广东话 kwong tung wa		吗? ma
我 Ngo	唔 ng	识 sik	食烟。 sik yin		
呢度 Lei do	可以 ho yi	食烟 sik yin			吗? ma

小词库

- 呢位
  lei wai
  这位
- 家姐
  ga je
  姐姐
- 幸会
  hang wui
  幸会

- 旺角
  wong kok
  旺角
- 女人街
  lui yan gaai
  女人街
- 出名
  chut ming
  有名

29 睇落～

看起来～

表示根据目睹状况所作的推测句型。用于表达主观的想法或推测，可以译作"看起来～"。例如："睇落都唔错。"（看起来不错）。后接否定形式时，可以用"睇落唔系咁～"（看起来不是很～）。

你睇落唔系几精神喝！

nei tai lok ng hai gei jing san wo
你看起来不是很有精神啊！

件衫睇落好啱身喝！

kin saam tai lok ho ngaam san
衣服看起来很合身。

啲菜睇落好新鲜。

dick choi tai lok ho san sin
这些菜看起来很新鲜。

佢睇落人品唔错。

kui taai lok yan boon ng choh
他看起来人品不错。

呢啲＿＿＿＿＿＿睇落好好食。

叉烧包
cha siu baau　　　　叉烧包

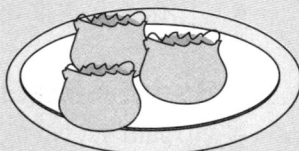

水饺
sui gaau　　　　水饺

云吞面
wan tan min　　　馄饨面

糖水
tong sui　　　　糖水

点心
dim sam　　　点心

小笼包
siu lung baau　　　小笼包

会话很easy

A：你睇落好开心咁喎！
nei tai lok ho hoi sam gam wo
你看起来很开心啊！

B：今日系我生日。
gam yat hai ngo sang yat
今天是我的生日。

A：生日快乐。
san yat faai lok
生日快乐。

A：你睇落唔系好舒服喎！
nei tai lok ng hai ho shu fook wo
你看起来不舒服的样子！

B：我伤风了。
ngo seung fung liu
我感冒了。

A：有冇睇医生呀？
yau mo tai yi san ah
有没有去看医生？

124

＊受到赞美时——多得你啥。

谦虚地把成功的荣耀归到别人身上时，可以说"托你的福"，与它的意思刚好相反的是"多得你唔少！"（都是因为你才弄成这么糟糕的地步），用于埋怨别人。

A：恭喜晒你！
恭喜你啊！

B：都系多得你啥。
都是托你的福而已。

小词库

· ～咁喝
gam wo
～的样子

· 生日
sang yat
生日

· 快乐
faai lok
快乐

· 舒服
shu fook
舒服

· 伤风
seung fung
感冒

· 保重
bo chung
保重

125

30 ~得好~

做得很~

说明

☆**动词＋得＋补语**

　　表示动作的结果的句型。"得"可以有两个意思。1. 表示可能；2. 表示动作的程度。后接补语以形容词为主，但也可以用词组或句子来作补语。例如："行得好快"（走得很快）。

字写得好靓。
ji se tak ho leng
字写得很漂亮。

你跑得好慢。
nei pau tak ho man
你跑得很慢。

你唱得好好听。
nei cheung tak ho ho ting
你唱得很好听。

卖得好贵。
mai tak ho kwai
卖得很贵。

佢玩_____好叻。

捉棋
juk kei　　　　下棋

打麻雀
da ma juk　　　打麻将

画画
wak wak　　　画画

打桌球
da cheuk kau　　打台球

打牌
da pai　　　　打牌

拉小提琴
la siu tai kam　　拉小提琴

会话一

A: 雨落得好大啊！
ngoi min yu lok tak ho da
雨下得很大啊！

B: 有冇带遮呀?
yau mo daai je ah
有没有带雨伞呀?

A: 好彩有带。
ho choi yau daai
幸好带了。

会话二

A: 佢跑得好快啊。
kui paau tak ho fei ah
他跑得很快啊。

B: 梗系，日日苦练。
yat yat fu lin gang fei
当然快，天天苦练。

A: 难怪。
naan gwaai
难怪。

＊请别人帮忙时——麻烦晒你。

给人家添麻烦，表示感激、客气的说法。"麻烦晒你"与"唔该晒你"的意思一样，受到致谢的一方可以说："唔使客气"。

A：今次嘅事就麻烦晒你了。

这次的事，就麻烦你了。

B：唔使客气。

不用客气。

小词库

· **外面**
ngoi min
外面

· **落雨**
luk yu
下雨

· **屋企**
uk kei
家

· **约会**
yuk wui
约会

· **梗系**
gang hai
当然是

· **难怪**
naan gwaai
难怪

如果～就

如果～就～

说明

　　表示假定条件的句型。从话题中提到的或由当时的情况来判断，如果是在这种情况下，那么就会怎么样。前一句是假定条件，后一句是前一句条件下所发生的情况，可以译作"如果～""要是～"等。例如："如果贵，就唔去旅行。"（如果贵，就不去旅行）。

如果佢去我就去。

yu gwo kui hui ngo jau hui
如果他去我就去。

如果唔使钱我就要。

yu gwo ng sai chin ngo jau yiu
如果不花钱我就要。

如果落雨就唔去。

yu gwo luk jau ng hui
如果下雨就不去。

如果得闲就嚟。

yu gwo tak haan jau lai
如果有空就来。

说说看，看图来记忆！

如果唔_____就去吧！

 **大雾** dai mo 大雾	 **落雨** lok yu 下雨
 **落雪** lok suet 下雪	 **猛太阳** mang tai yeung 大太阳
 **打风** da fo 刮风	 **热** yit 热

131

会话很easy

会话一

A：搭巴士番工真系唔方便。

daap ba si fan kung jan hai ng fong bin

坐公交车上班真是不方便。

B：如果有车就好了。

yu gwo yau cheh jau ho liu

如果有车就好了。

A：加油啦！

ga yau la

加油吧！

会话二

A：落雨真麻烦！

luk yu jan ma fan

下雨真麻烦！

B：如果落雨就唔去。

yu gwo luk yu jau ng hui

如果下雨就不去。

A：咁不如洗衫啦！

gam bat yu sai saam la

那么不如洗衣服吧！

132

＊事情办妥后——搞惦晒啦。

表示已经把事情办好的口语说法。广东话的"搞"就是"办理"的意思，"惦"表示"妥当"的意思。

A：出国手续办好了未呀？

出国手续办好了没有？

B：搞惦晒啦。

已经办好了。

小词库

· **巴士**
ba si
公交车

· **番工**
fan kung
上班

· **方便**
fong bin
方便

· **车**
cheh
汽车

· **麻烦**
ma fan
麻烦

· **衫**
saam
衣服

32 早知~就~

早知道~就~

说明

　　表示假定的条件。用于没有做到某事，使说话者感到后悔。否定句时可以用"早知~就唔~"。例如："早知会落雨，就带遮。"（早知会下雨，就带雨伞）。这里有一句广东熟语："早知系咁，又何必当初呢？"（早知如此，何必当初？）

早知道就去啦。

jo ji do jau hui la
早知道就去了。

早知道就买啦。

jo ji do jau mai la
早知道就买了。

早知道就参加啦。

jo ji do jau cham ga la
早知道就参加了。

早知咁多人就唔去啦。

jo ji gam doh yan jau ng hui la
早知道那么多人就不去了。

早知就同埋你哋去＿＿＿＿啦。

睇戏
tai hei　　　　看电影

跳舞
tiu mo　　　　跳舞

唱歌
cheung go　　　唱歌

烧烤
siu hau　　　　烤肉

爬山
pa san　　　　爬山

钓鱼
diu yu　　　　钓鱼

会话很easy

会话一

A：咁多人系度排队！
gam doh yan hai do paai dui
那么多人在排队！

B：早知道就唔嚟啦。
jo ji do jau ng lai la
早知道就不来了。

A：已经太迟了。
yi king tai chi la
已经太晚了。

会话二

A：呢条裤太窄了。
lei tiu fu tai jaak liu
这条裤子太紧了。

B：早知道就买大码啦！
jo ji do jau mei dai ma la
早知道就买大号的。

A：下次啦！
ha chi la
下次吧！

136

﹡货币单位——金额的说法

"二"和"两"在十、百、千、万之前，随便用哪个都可以，但是在某些类别字之前，则按一般的习惯使用。例如两支笔、两本书，但不可以说二支笔、二本书。

个	十	百
koh　个	sap　十	baak　百
千	**万**	**十万**
chin　千	man　万	sap man　十万
万	**千万**	**亿**
baak man　万	chin man　千万	yik　亿

小词库

· **排队**
paai dui
排队

· **唔嚟**
ng lai
不来

· **太迟**
tai chi
太晚

· **裤**
fu
裤子

· **窄**
jaak
窄

· **大码**
dai ma
大号

33 ~话~喎

说明

☆**主语＋话＋述语＋喎**

　　表示直接引述某人的话。可以译作"某人这样说"。句末语气助词"喎"用于把自己的意见或判断传达给对方，是倾诉的语气。例如："佢话唔使客气喎。"（他说不用客气）。

导游话呢间铺头唔贵喎。

do yau wa lei gan po tau ng gwai wo
导游说这家店不贵。

医生话要早啲休息喎。

yi sang wa yiu jo dick yau sik wo
医生说要早点休息。

你话佢系广东人？

nei wa kui hai gwong tung yan
你说他是广东人？

佢话唔嚟得喎。

kui wa ng lai tak
他说不能来。

138

_____话佢后生嗰阵时候读书好用功喎。

阿爷
ah ye
祖父

阿麻
ah ma
祖母

阿爸
ah ba
父亲

阿妈
ah ma
母亲

阿叔
ah suk
叔叔

阿姨
ah yi
阿姨

会话很easy

A：阿杰佢去唔去呀?

ah kit kui hui ng hui ah

阿杰他去不去?

B：佢话有事唔嚟得喎。

kui wai yau si ng lai tak wo

他说有事不能来。

A：一定系去咗约会啫。

yat din hai hui joh yuk wui je

一定是去约会了。

A：你要唔要冻可乐?

nei yiu ng yiu dung ho lok

你要不要冰的可乐?

B：医生话唔饮得冻嘢喎。

yi sang wai ng yam tak dung ye wo

医生说不能喝冰的东西。

140

*赢得胜利时——我得咗啦！

这是年轻人用的说词，用在考试合格、比赛得奖等高兴的场景。现在流行的说法可以用"掂当"（完全成功）。

A：约小珍睇戏嘅事点呀？
约小珍去看电影的事怎么样了？

B：我得咗啦。
我成功了。

小词库

· 有事
yau si
有事情

· 唔嚟得
ng lai tak
不能来

· 约会
yuk wui
约会

· 冻
dung
冷；冰

· 医生
yi sang
医生

· 饮
yam
喝

34 得~喳

只剩~而已

　　用于表示现有的量不多，除此之外别无其他。语气助词"喳"表示数量、程度很少的意思，是"啫"与"呀"的合音，表示轻微感叹。例如："净得苹果喳"（只剩苹果而已）。其他表示有限（少量）的数量或程度，还可以用"之嘛"（而已）。

得你一个喳?

tak nei yat goh ja
只有你一个而已?

净得一蚊喳?

jing tak yat min ja
只剩下一块钱而已?

你得一个仔喳?

nei tak yat goh jai ja
你只有一个儿子而已?

得咁多行李喳?

tak gam doh hang lei ja
只有这些行李而已?

净得_____喳？

汽水
hei sui 　　　　汽水

果汁
gwo jaap 　　　　果汁

咖啡
ga fe 　　　　咖啡

啤酒
bei jau 　　　　啤酒

烧酒
siu jau 　　　　米酒

茶
cha 　　　　茶

会话很easy

会话一

A：仲有冇位啦？

chung yau mo wai la

还有没有位置？

B：净得一个位啫。

jing tak yat goh wai ja

只剩下一个位置而已。

A：咁唔使喇，唔咳。

gam ngo sai la ng koi

那么不用了，谢谢。

会话二

A：仲有冇双人房啦？

chung yau mo seung yan fong la

还有没有双人房？

B：净得单人房啫。

jing tak daan yan fong ja

只剩下单人房而已。

A：咁唔紧要啦。

gam ng gan yiu la

那么没有关系。

144

*比赛得胜——问你服未?

在比赛胜出,赢的一方向输的一方故意自夸,表示自己能力比他强,叫别人佩服的意思。

A:将军! 问你服未?

将军! 认输了吧?

B:我服了。

我认输了。

小词库

· 位
wai
位置

· 净得
jing tak
剩下

· 唔使
ng sai
不用

· 双人房
seung yan fong
双人房

· 单人房
daan yan fong
单人房

· 唔紧要
ng gan yiu
没有关系

35　同～一样咁～

～跟我一样那么的～

说明　表示两者比较的句型。用于作比较的两者实力相当或特征相同时。例如："香港同新加坡一样咁细。"（香港与新加坡一样那么小）。否定时可以用"～冇～咁～"（～不若～那么的～）。例如："我冇佢咁叻。"（我没有他那么聪明）。

志雄同我一样咁高。

ji hung tung ngo yat yueng gam go
志雄跟我一样高。

佢同我一样咁重。

kui tung ngo yat yueng gam chung
他（她）跟我一样重。

阿爸同阿妈一样咁大。

ah ba tung ah ma yat yuen gam dai
爸爸跟妈妈一样大。

阿妹同家姐一样咁肥。

mui mui tung je je yat yuen gam fei
妹妹跟姐姐一样那么胖。

_____同_____一样咁贵。

皮鞋
pei haai　　　　皮鞋

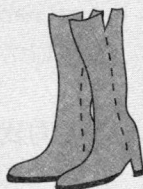

高踭鞋
go jang haai　　高跟鞋

波鞋
bo haai　　　　运动鞋

拖鞋
toh haai　　　　拖鞋

凉鞋
leung haai　　　凉鞋

水鞋
sui haai　　　　雨鞋

147

A：你两个边个大呀?

nei leung goh bin goh dai ah

你们两个，哪一个比较大?

B：佢同我一样咁大。

kui tung ngo yat yueng gam dai

她跟我一样大。

A：咁几岁呀?

gam gei sui ah

那么几岁呢?

A：你几重呀?

nei gei chung ah

你多重?

B：我五十公斤。

ngo ng sap kung kan

我五十公斤。

A：我同你一样咁重。

ngo tung nei yat yeung gam chung

我跟你一样重。

＊主动帮忙别人时——等我嚟啦。

自信能力比别人强，叫别人让你来做事的常用语。可以译作"让我来吧！"。含有自大的意味，客气的说法可以用："等我试吓"（让我来试试看）。

A：**好重啊！**
好重啊！

B：**等我嚟啦。**
让我来吧。

小词库

- **边个**
  bin goh
  哪一个
- **两个**
  leung goh
  两个
- **几岁**
  gei sui
  几岁

- **几重**
  gei chung
  多重
- **公斤**
  kung kan
  公斤
- **同**
  tung
  和；与

~好唔好呀？

~好不好？

用于征得许可的句型。可以用在征求对方同意，也可以用在同意对方的时候，如简单回答，可以直接用"好"（好）或"唔好"（不好）。例如："安静啲唔好呀？"（安静点好不好？）。也可表示命令、责备，例如："咪系度玩好唔好呀？"（别在这里玩好不好？）

帮下我好唔好呀？

bong ha ngo ho ng ho ah
帮我一下好不好？

借枝笔俾我好唔好呀？

je ji baat bei ngo ho ng ho ah
借我一支笔好不好？

细声啲好唔好？

sai sing dick ho ng ho ah
小声一点好不好？

俾份报纸我好唔好呀？

bei fan bo ji ngo ho ng ho ah
给我一份报纸可以吗？

送我＿＿＿＿＿好唔好？

戒指
gaai ji 戒指

颈链
geng lin 项链

耳环
yi wan 耳环

手表
sau biu 手表

发夹
faat gaap 发夹

手链
sau lin 手链

会话一

A : 去食广东菜好唔好呀?
hui sik gwon tung choi ho ng ho ah
去吃广东菜好不好?

B : 我要加班唔嚟得。
ngo yiu ga baan ng la tak
我要加班不能来。

会话二

A : 听日一齐去睇戏好唔好呀?
ting yat yat chai hui tai hei ho ng ho ah
明天一起去看电影好不好?

B : 好呀,睇咩戏呀?
ho ah tai meah hei ah
好的,看什么电影?

A : 睇武打片。
tai mo da pin
看武打片。

* 反复疑问句的用法

反复疑问句的基本句型，是从一句肯定句与一句否定句结合而成，会唔会＝会（肯定）+唔会（否定）+ 词~？ ＝反复疑问句。

肯定 + 否定	→	反复疑问句
想 **唔想**	→	**想唔想饮茶呀?**
Seung ng seung		seung ng seung yam chan ah
想 不想		想不想喝茶？
会 **唔会**	→	**会唔会落雨?**
Wui ng wui		wui ng wui lok yu
会 不会		会不会下雨？
要 **唔要**	→	**要唔要饮杯水?**
Yiu ng yiu		yiu ng yiu yam biu siu
要 不要		要不要喝一杯水？

小词库

- **一齐**
  yat chai
  一起
- **广东菜**
  gwon tung choi
  广东菜
- **加班**
  ga baan
  加班

- **戏**
  hei
  电影
- **武打片**
  mo da pin
  武打片
- **咩**
  meah
  什么

37 要唔要～呀?

要不要～?

说明

　　表示询问别人是否希望得到某物。简单回答，表示肯定用"要"；表示否定，只要将"唔"加在动词前面即可。例如："要唔要杯咖啡呀?"（要不要一杯咖啡?）

要唔要茶呀?

yiu ng yiu cha ah
要不要茶?

要唔要我帮忙呀?

yiu ng yiu ngo bong mong ah
要不要我帮忙?

要唔要食饭呀?

yiu ng yiu sik fan ah
要不要吃饭?

要唔要奶精?

yiu ng yiu naai jing
要不要奶精?

要唔要食_____呀？

蛋糕
daan go　　　　蛋糕

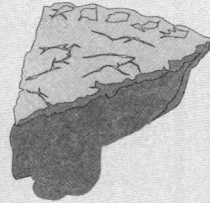

苹果派
ping gwo pai　　苹果派

甜甜圈
tim tim huen　　甜甜圈

饼干
beng gon　　　饼干

牛奶糖
ngau naai tong　　牛奶糖

啫喱
je lei　　　　果冻

155

会话很easy

A：要唔要杯咖啡呀?
yiu ng yiu bui ga fe ah
要不要一杯咖啡?

B：我想要杯茶。
ngo seung yiu bui cha
我想要一杯茶。

A：要冻定热?
yiu dung ding yit ga
要冰的还是热的?

A：要唔要着灯呀?
yiu ng yiu jeuk dang ah
要不要开灯?

B：好呀，唔该。
ho ah ng koi
好的，谢谢。

A：唔使唔该。
ng sai ng koi
不用客气。

156

* 受到称赞时——嘛嘛地啦。

对于别人的称赞表示谦虚的客套话。可以译作"还可以"的意思，是一种较保守、客套的说词，说话者其实心里对于他人的赞赏颇为认同。

A：你嘅手势唔错喎！
你的厨艺不错啊！

B：嘛嘛地嘞！
还可以啦！

小词库

· **咖啡**
ga fe
咖啡

· **茶**
cha
茶

· **冻**
dung
冰

· **定**
ding
还是

· **着灯**
jeuk dang
开灯

· **唔使**
ng sai
不用

38 我钟意～

我喜欢～

说明 　　表示强烈的希望或喜好的句型。"钟意"之后接喜欢的对象，可以是人或物、名词或动词短语。简单疑问句用"钟唔钟意～呀？"；肯定回答时用"钟意"（喜欢）；否定用"唔钟意"（不喜欢）。例如："我钟意游水。"（我喜欢游泳）。

我钟意钓鱼。

ngo jung yi dui yu
我喜欢钓鱼。

我钟意食点心。

ngo jung yi sik dim sam
我喜欢吃点心。

我钟意打网球。

ngo jung yi da mong kau
我喜欢打网球。

我钟意去旅行。

ngo jung yi hui lui hang
我喜欢去旅行。

哥哥钟意打_____。

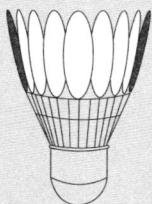

羽毛球
yue mo kau

羽毛球

乒乓球
bin bum kau

乒乓球

篮球
laam kau

篮球

排球
pai kau

排球

保龄球
bo ling kau

保龄球

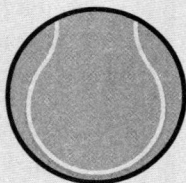

网球
mong kau

网球

会话很easy

会话一

A：你钟意食乜嘢呀？
nei jung yi sik mat ye ah
你喜欢吃什么？

B：我钟意食拉面。
ngo chung yi sik lai min
我喜欢吃拉面。

A：我都系。
ngo do hai
我也是。

会话二

A：你钟意边个歌手呀？
nei jung yi bin goh goh sau ah
你喜欢哪一个歌手？

B：我钟意刘德华。
ngo jung yi lau tak wa
我喜欢刘德华。

A：真系？
jan hai
真的吗？

＊表示意愿——啱晒我心水。

事物本身完全乎合个人的意愿，表示很满意。可以译作"正合乎我的心意"，广东话表示正确、合适用"啱"；不合适、不正确用"唔啱"。

A：呢条裙点呀？
　　这条裙子如何？

B：啱晒我心水。
　　正合我心意。

小词库

- 食
  sik
  吃
- 乜嘢
  mat ye
  什么
- 拉面
  lai min
  拉面

- 边个
  bin goh
  哪一个
- 歌手
  goh sau
  歌手
- 刘德华
  lau tak wa
  刘德华

39 ~靓唔靓呀?

~美不美呀?

☆形容词＋唔＋形容词＋呀?

询问别人对该人或事物的意见时用的句型。"靓"可以用其他形容词来代替，例如："佢高唔高呀?"（他高不高?）回答时可以加上"好"字，表示更深程度。例如："好靓"（很美）。

裙靓唔靓呀?

kwan leng ng leng ah
裙子美不美?

李生高唔高呀?

lei sang go ng go ah
李先生高不高?

广东话难唔难呀?

gwong tung wa naan ng naan ah
广东话难不难?

外面冻唔冻呀?

ngoi min dung ng dung
外面冷不冷?

162

呢啲_____新唔新鲜呀？

鸡肉
gai yuk 鸡肉

鸡蛋
gai daan 鸡蛋

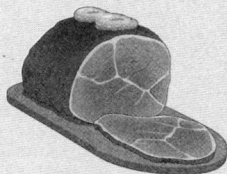

牛肉
ngau yuk 牛肉

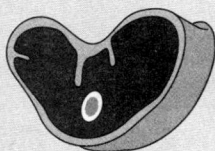

猪肉
ju yuk 猪肉

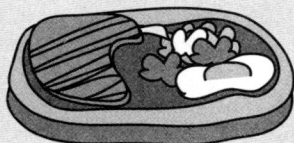

羊肉
yeung yuk 羊肉

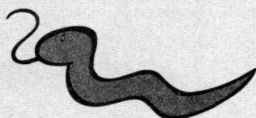

蛇肉
se yuk 蛇肉

会话一

A：你个手袋好靓喎。
nei goh sau doi ho leng wo
你的包好漂亮。

B：喺日本买嘅。
hai yat boon mei gei
在日本买的。

A：贵唔贵？？
gwai ng gwai ga
贵不贵？

会话二

A：学广东话难唔难呀？
hok kwong tung wa naan ng naan ah
学广东话难不难？

B：唔系好难啫。
ng hai ho naan je
不是很难。

A：教我得唔得呀？
gaam ngo tak ng tak ah
可以教我吗？

164

＊表示喜好——克人憎。

某人的行为或态度让你感到很讨厌时用这个短语，是骂人的常用语。可以译作"真是让人讨厌！"，"憎"是"憎恨"的缩写。

A：佢成日喺背后讲人坏话，真系克人憎。

他常在背后说别人的坏话，真是令人讨厌。

小词库

- **手袋**
  sau doi
  包
- **日本**
  yat boon
  日本
- **贵唔贵**
  gwai ng gwai
  贵不贵

- **广东话**
  kwung tung wa
  广东话
- **难**
  naan
  难
- **教**
  gaau
  教

165

40 ～得唔得呀？

～可不可以？

说明

用于征求对方许可的句型。可以译作"行不行？""可不可以？"；在会话中，也可以用"可唔可以？""好唔好？"来征求对方同意。例如："晏啲得唔得？"（晚一点可以吗？）简单的回答可以用"得"（可以）或"唔得"（不可以）。

平啲得唔得呀？

ping dick tak ng tak ah
便宜点可以吗？

帮个忙得唔得呀？

bong goh mong tak ng tak ah
帮个忙可以吗？

帮我影张相得唔得呀？

bong ngo ying jueng seung tak ng tak ah
帮我照个相可以吗？

帮我睇下张地图得唔得呀？

bong ngo tai ha cheung dei to tak ng tak ah
帮我看一下地图可以吗？

166

买＿＿＿＿＿得唔得呀？

西装
sai jong　　　　　西装

外套
ngoi to　　　　　外套

裙
kwan　　　　　裙子

冷衫
ling saam　　　　毛衣

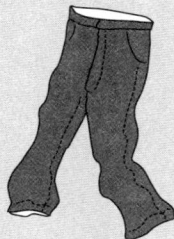

裤
fu　　　　　裤子

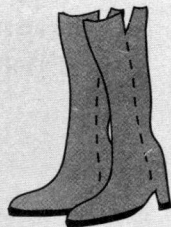

鞋
hai　　　　　鞋子

会话很easy

会话一

A : 呢件衫平啲得唔得呀?

lei kin saam ping dick tak ng tak ah
这件衣服便宜一点可以吗?

B : 已经最平啦。

yi king jui ping la
已经是最便宜的了。

A : 咁呢件呢?

gam lei kin lei
那么这件呢?

会话二

A : 帮我睇下张地图得唔得呀?

bong ngo tai ha cheung dei to tak ng tak ah
帮我看一下这张地图可以吗?

B : 好呀,冇问题。

ho ah mo man tai
好的,没有问题。

＊表示生气——激死人啦！

别人的所作所为，让你无法接受，被他气得要命的意思，这是一种夸张的说法，一般的表示忿怒的说法可以用："好激气呀！"

A：话极都唔听，激死我啦！

说了很多遍他都不听，真是气死我了！

小词库

- **价钱**
  ga chin
  价钱
- **平**
  ping
  便宜
- **衫**
  saam
  衣服

- **地图**
  dei to
  地图
- **睇下**
  tai ha
  看一看
- **冇问题**
  mo man tai
  没有问题

41 ~咗~未呀?

做了~没有?

用来询问别人某个动作是否完成的句型。过去的动作用"动词+咗"的形式表示,"未呀"表示"有没有"之意,全句可以译作"做了~没有?"。例如:"办咗入境手续未呀?"(办入境手续了没有?)

食咗饭未呀?

sik foh fan mei ah
吃过饭了没有?

洗咗手未呀?

sai joh sau mei ah
洗过手了吗?

做咗功课未呀?

jo joh kung fo mei ah
做了功课没有?

冲咗凉未呀?

chung joh leung mei ah
洗过澡了吗?

170

交咗_____未呀？

屋租
uk jo   房租

电话费
din wa fai   电话费

电费
din fai   电费

介绍费
gaai siu fai   中介费

交通费
gaau tung fai   交通费

学费
hok fai   学费

会话很easy

会话一

A：食咗饭未呀？
sik joh fan mei ah
吃了吗？

B：仲未食。
jung mei sik
还没有吃。

A：不如一齐食啦！
but yu yat chai sik la
不如一起去吃吧！

会话二

A：今日拖咗地未呀？
gam yat toh joh dei mei ah
今天拖过地了吗？

B：已经拖咗啦。
yi king toh joh la
已经拖过了。

A：咁衫呢？
gam saam lei
那么衣服呢？

172

＊敬语的说法

广东话敬语的用法比较少，平常口语不太会讲，只有在写文章时有机会用。这里只举一些例子作参考。

普通体	呢个 lei goh 这个	乜名 mat man 什么名字	边个 bin goh 那一个	你个仔 nei goh jai 你的儿子
敬体	呢位 lei wai 这位	贵姓 kwai sing 贵姓	边位 bin wai 那一位	妗郎 ling long 令郎

小词库

· 食饭
sik fan
吃饭

· 仲未
jung mei
还没

· 一齐
yat chai
一起

· 拖地
toh dei
拖地

· 衫
saam
衣服

· 不如
but yu
不如

173

42 啱啱～咗～

刚好～了

　　表示动作刚好完成在某一时间。可以译作"刚刚好～""碰巧"，要注意后接动作已完成，用动词+"咗"来表示。例如："我啱啱出咗去。"（我刚好出去了）。表示动作在不久以前发生，可以用"正话"（刚才）、"头先"（刚才），例如："头先我打过电话嚟。"（刚才我打了通电话。）

啱啱去咗番工。

ngaam ngaam hui joh fan kung
刚好去上班了。

佢啱啱出咗去。

kui ngaam ngaam chut joh hui
他（她）刚好出去了。

小英啱啱返咗嚟。

siu ying ngaam ngaam fan jo lai
小英刚好回来了。

啱啱赶到。

ngaam ngaam gon doh
刚刚赶到。

我嗰喺_____番嚟。

学校
hok hau 　　　　学校

公司
kung si 　　　　公司

外国
ngoi kwok 　　　　外国

乡下
heung ha 　　　　家乡

美容院
mei yung yuen 　　　美容院

发型屋
faat yin uk 　　　　理发店

会话一

A：唔该搵王生。
ng koi wan wong sang
麻烦找一下王先生。

B：佢啱啱出咗去喎。
kui ngaam ngaam chut joh hui wo
他刚好出去了。

A：咁我等阵再打嚟。
gam ngo dang jan joh da lai
那么我等一下再打来。

会话二

A：啱啱做完运动好癐啊！
ngaam ngaam jo yuen wan dung ho gwui ah
刚刚做完运动好累啊！

B：休息一下吧！
yau sik yat ha ba
休息一下吧！

＊表示不相信——咪讲笑喇。

事情的结果让听者难以相信，请对方别开玩笑作弄的意思。可以译作"别跟我开玩笑了。"广东话的"咪"是"不要"的意思，含有禁止、请求、命令等含义。这句话也可以说成"唔好同我讲笑喇。"

A：借一千万俾你？咪讲笑喇！

借给你一千万？别开玩笑了！

小词库

· 王生
wong sang
王先生

· 揾
wan
找

· 等阵
dan jan
等一下

· 运动
wan dung
运动

· 好癐
ho gwui
好累

· 休息
yau sik
休息

43 ~过~未呀?

~过~没有?

说明

表示经验、经历的句型。曾经有做过的经验、经历就可以用这个句型。可以译作"~过~""曾经~过",否定的句型是"未(曾)~过"。例如:"攞过冠军未呀?"(得过冠军了吗?)。"我未曾去过加拿大。"(我没有去过加拿大。)。

你去过香港未呀?

nei hui gwo heung kong mei ah
你去过香港吗?

搭过飞机未呀?

daap gwo fei gei mei ah
坐过飞机吗?

坐过地铁未呀?

joh gwo dei tit mei ah
坐过地铁吗?

你去过广东边度呀?

nei hui gwo kwong tung bin do ah
你去过广东哪里?

你去过_____未呀？

日本
yat boon

日本

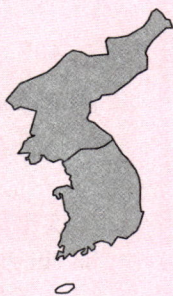

韩国
hon gwok

韩国

美国
mei kwok

美国

法国
fat gwok

法国

会话一

A：你去过睇烟花表演未呀？
nei hui gwok tai yin fa biu yin mei ah
你去看过烟花表演吗？

B：仲未。
jung mei
还没有。

A：下次带你去。
ha chi daai nei hui
下次带你去。

会话二

A：你去过广东未呀？
nei hui gwo gwong tung mei ah
你去过广东吗？

B：去过喇。
hui gwo la
去过了。

＊表示不满——有冇搞错呀！

对于别人的行为或事情的结果，表示不满时的感叹语。可以译作"真是的！""怎么会这样？"。"搞错"是"判断错误"的意思，年轻人常故意把"搞"字的语音拉长，以表达非常不满的程度。

A：将架车停喺人哋门口度，有冇搞错呀！

把车停在别人家的门口，真是的！

小词库

· 睇
tai
看

· 烟花
yin fa
烟花

· 表演
biu yin
表演

· 仲未
jung mei
还没有

· 带
daai
跟；同

· 广东
gwong tung
广东

181

44 嘅~

正在做~

说明

☆**动词＋嘅**

表示动作正在进行中，要在动词之前加"喺度"，在动词之后接"嘅"，是最常见的句型构造，可以译作"正在~"。例如："行嘅"（正走着）、"食嘅饭"（正在吃饭）。

阿妹读嘅书。

ah mui duk gan shu
妹妹正在读书。

外面落嘅雨。

ngoi min lok gan yu
外面下着雨。

阿妈煮嘅饭。

ah ma ju gan fan
妈妈在做饭。

阿哥睇嘅电视。

ah go tai gan din si
哥哥在看电视。

你依家做嘅乜嘢呀？_____。

听音乐
ting yam ngok
听音乐

捉棋
juk kei
下棋

画画
waak waak
画画

打牌
da pai
打牌

睇电影
tai din ying
看电影

打桌球
da yeuk kau
打台球

会话很easy

会话一

A：你依家做緊乜嘢呀？
nei yi ga jo gan mat ye ah
你现在在做什么？

B：打緊电话。
da gan din wa
在打电话。

会话二

A：董事长喺度吗？
dung si cheung hai do ma
董事长在吗？

B：佢开緊会呀。
kui hoi gan ah
他正在开会。

A：咁我晏啲再嚟过。
gam ngo an dick joh la gwo
那么我晚一点再来。

184

*形容人——孤寒鬼。

广东话"孤寒"是指身世寒微的意思，这句话用来形容那些凡事斤斤计较、拘泥金钱的人。它的反义词是"大方"。

A：你要从呢个孤寒鬼身上拿到一毫子都几难。

你要从这个小气鬼身上拿到一毛钱都很难。

小词库

· 依家
yi ga
现在

· 乜嘢
mat ye
什么

· 电话
din wa
电话

· 董事长
dung si cheung
董事长

· 开会
hui wui
开会

· 晏啲
an dick
晚一点

45 ～嗰阵时

～那个时候

表示谈及某一时间所做的某一件事的句型。可以译作"那时候""那阵子"。后接的动词短语可以是过去已发生或将来还没有发生的事。例如："细嗰阵时钟意游水。"（小的时候喜欢游泳。）

细个嗰阵时。

sai goh goh jan si
小的时候。

去旅行嗰阵时。

hui lui hang goh jan si
去旅行的时候。

读书嗰阵时。

duk shu goh jan si
读书的时候。

瞓觉嗰阵时。

fan gaau goh jan si
睡觉的时候。

_____嗰阵时要注意安全。

地震
dei jan   地震

台风
toi fung   台风

火灾
fo joi   火灾

水浸
sui jam   淹水

爆炸
baau ja   爆炸

火山爆发
fo san baau faat   火山爆发

187

会话一

A : 去香港嗰阵时好开心。

hui heung kong koh jan si ho hoi sam

去香港的时候很高兴。

B : 去咗几耐呀?

hui joh gei noi ah

去了多久?

A : 一个月。

yat goh yuet

一个月。

会话二

A : 你出咗去嗰阵时有电话嚟。

nei chut joh hui goh jan si yau din wa lai

你出去的时候有电话打来。

B : 咁有冇帮我留言呀?

gam yau mo bong ngo lau yin ah

那么,有帮我留言吗?

*形容人——乡下仔。

用来形容穿着、说话、行为不合潮流的人。"乡下"是"家乡"的意思，原指从农村地区来到城市工作的人，现在也可以用来形容衣着不合潮流的人。广东话"仔"指男人，"妹"指女人。

A：佢啲打扮不合潮流。

　　他的打扮不合潮流。

B：正益乡下仔。

　　真是土包子。

小词库

· **香港**
heung kong
香港

· **玩**
waan
玩

· **开心**
hoi sam
高兴

· **一个月**
yat goh yuet
一个月

· **电话**
din wan
电话

· **留言**
lau yin
留言

可唔可以～吖?

可不可以～?

说明

用于征得许可的句型。可以用在征求对方同意的时候。简单回答可以直接用"可以"（可以）或"唔可以"（不可以）。例如："可唔可以俾杯水我吖?"（可不可以给我一杯水?）

可唔可以食烟吖?

ho ng ho yi sik yin ah
可不可以抽烟?

可唔可以食蛋糕吖?

 ho ng ho yi sik daan go ah
可不可以吃蛋糕?

可唔可以一齐去吖?

ho ng ho yi yat chai hui ah
可不可以一起去?

可唔可以细声啲吖?

ho ng ho yi sai sing dick ah
可不可以小声一点?

我可唔可以_____吖？

坐低
joh dai
坐下来

企起身
kei hei san
站起来

唱歌
cheung goh
唱歌

讲嘢
kung ye
说话

睇吓
taai ha
看一看

休息
yau sik
休息

A：申请签证要几日呀？

san chin chim jing yiu gei yat ah

申请签证要几天？

B：十日。

sap yat

十天。

A：可唔可以加快吖？

ho ng ho yi ga fei ah

可不可以快一点呢？

A：可唔可以平啲吖？

ho ng ho yi ping dick ah

可不可以便宜点？

B：最多打个八折。

jui do dai gah baat jit

顶多打八折。

＊形容人——蕃薯头。

中国古代用"蕃人"是指还未开化的人，现在，广东话中"蕃薯头"是指那些愚笨不懂事的人，也有用"大蕃薯"来形容肥胖、走路笨拙的人。

A：教极都唔明，正益蕃薯头。

教过了很多遍都不明白，真是愚笨的人。

小词库

- **申请**
  san chin
  申请
- **签证**
  chim jing
  签证
- **十日**
  sap yat
  十天

- **帽**
  mo
  帽子
- **贵**
  gwai
  贵
- **平**
  ping
  便宜

193

47 ～谂住～

～打算

说明

　　表示说话者的意志、打算或决心。可以译作"打算～""想～"。表示否定时可以用"冇谂住～"（不打算）。此外，用于疑问句时，通常会与"点呀？"一起合用，例如："你谂住点呀？"（你打算怎样？）

我谂住明年出国。

ngo lam ju ming nin chut gwok
我打算明年出国。

我谂住自己嚟做。

ngo lam ju ji gei lai jo
我打算自己来做。

我谂住逗留两日。

ngo lam ju dau nau leung yat
我打算逗留两天。

你谂住要点做呀？

nei lam ju yiu dim joh ah
你打算要怎么做？

194

说说看，看图来记忆！

我谂住今年_____去留学。

春天
chun ting　　　春天

二月	三月	四月
yi yuet	sam yuet	sei yuet
二月	三月	四月

夏天
ha ting　　　夏天

五月	六月	七月
ng yuet	luk yuet	chat yuet
五月	六月	七月

秋天
chau ting　　　秋天

八月	九月	十月
baat yuet	gau yuet	sap yuet
八月	九月	十月

冬天
dung ting　　　冬天

十一月	十二月	一月
sap yat yuet	sap yi yuet	yat yuet
十一月	十二月	一月

会话一

A：以后有咩打算呀？
yi hau yau meah da suen ah
以后有什么打算？

B：我谂住出国留学。
ngo lam ju chut gwok lau hok
我打算出国留学。

A：准备好了吗？
jun bei ho liu ma
准备好了吗？

会话二

A：做完工作了。
joh yuen liu kung jok
工作做完了。

B：要唔要去饮酒？
yiu ng yiu hui yam jau
要去喝杯酒吗？

A：我谂住早啲番屋企。
ngo lam ju joh dick fan uk kei
我打算早点回家。

196

＊形容人——大只讲。

形容爱说谎话、只会说不会做的人。它的同义词是"得把口"（只会说）、"一派胡言"（一派胡言）。这一句话常用在男性身上。

A：一人一百蚊，唔该。
麻烦每人付一百元。

B：唔系话你请嘅咩？大只讲。
不是说你要请客吗？吹牛。

小词库

· **以后**
yat hau
以后
· **咩**
meah
什么
· **留学**
lau hok
留学

· **准备**
jun bei
准备
· **工作**
kung jok
工作
· **屋企**
uk kei
家

48 仲谂住～

还想说～

说明

　　表示原来的想法与实际结果不一致的句型，结果使说话者感到后悔、惊奇、意外。例如："仲谂住做得完"（还想说做得完）。这里的助动词"仲"有两用法：1. 表示"还有"；2. 表示"更加"，例如："我架车仲贵。"（我的车更贵。）

仲谂住会落雨。

chung lam ju wui lok yu

还以为会下雨。

仲谂住佢唔会嚟。

chung lam ju kui ng wui la

我还以为他不会来。

仲谂住我唔会赢。

chung lam ju ngo ng wui ying

还以为我不会赢。

仲谂住唔会迟到。

chung lam ju ng wui chi doh

还以为不会迟到。

落雨了！仲谂住去＿＿＿＿＿。

打篮球
da lam kau　　打篮球

打高尔夫球
da go yi fu kau　　打高尔夫球

打棒球
da pang kau　　打棒球

滑雪
waat suet　　滑雪

游水
yau sui　　游泳

跑步
paau bo　　跑步

会话一

A：志明呢？

ji ming lei

志明呢？

B：佢冇嚟喎！

kui mo la ah

他没有来！

A：仲谂住佢会嚟添。

chung lam ju kui wui la tim

还以为他会来。

会话二

A：我哋今日去咗睇戏。

ngo dei gam yat hui joh taai hei

我们今天去看电影了。

B：又唔揾埋我。

yau ng wan mei ngo

又不找我一起去。

A：仲谂住你要番工。

chung lam ju nei yiu fan kung

还以为你要上班。

*形容人——懒醒。

用来形容能力不足却爱表现的人，可以译作"故作小聪明"的意思。这句话的引申含义，就是叫人要量力而为。

A：我又撞烂部车了。

我又把车撞坏了。

B：唔识开车就唔好开，咪懒醒。

不会开车就不要去开，别装聪明。

小词库

· **志明**
ji ming
志明

· **今日**
gam yat
今天

· **睇**
taai
看

· **戏**
hei
电影

· **揾埋**
wan mei
找我一起去

· **番工**
fan kung
上班

49 ～喇！

～啊！

说明

句末助词"喇"可以用来表示：1. 状况变化之确认；2. 断定。可以在已完成的动作，等于普通话的"了"的意思；例如："做咗功课喇！"（做完功课了）；也可以用在告诉别人某事件，用在命令、请求、禁止、建议等祈使句，例如："起身喇！"（起床了）。

食饭喇！

sik fan la
吃饭了！

车嚟喇！

cheh lai la
车来了！

我出去喇！

ng chu hui la
我出去了！

我返嚟喇！

ngo fan lai la
我回来了！

我要_____喇！

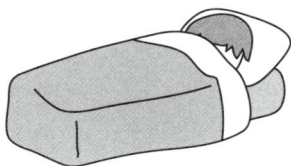

瞓觉 fan gaau   睡觉

起身
hei san   起床

走
jau   走

离开
lei hoi   离开

会话一

A：去边度呀？
hui bin do ah
去哪里呀？

B：我要出去喇！
ngo yiu chut hui la
我要出去了！

A：记得早啲番嚟呀！
kei tak jo dick fan la ah
记得早点回来啊！

会话二

A：起身喇！
hei san la
起床啦！

B：依家几点呀？
yi ga gei dim ah
现在几点了？

A：就快到9点喇。
jau fei do gau dim la
已经快要9点了。

204

＊受到恩惠时——真系唔话得。

难以用语言来表达谢意的意思，可以译作"真是难得"。这是赞美别人不计较地肯为自己付出的一句话。

A：你有嘢做都嚟帮我搬屋，真系唔话得。

你有事要做还来帮我搬家，真是难得。

小词库

- **边度**
  bin do
  哪里

- **番嚟**
  fan la
  回来

- **起身**
  hei san
  起床；起来

- **依家**
  yi ga
  现在

- **几点**
  gei dim
  几点

- **就快**
  jau fei
  快要

50 ~过~

~比~

> 　　表示比较的句型。用于两者比较，前者大于后者时用。可以译作"比较~"，例如："佢高过我"（他比我高）。此外，"过"也可以用在时间上，意思即为"超过"，例如："三点过啲"（三点过一点点）。

飞机快过火车。

fei gei fai gwo fo cheh
飞机比火车快。

佢肥过我。

kui fei gwo ngo
他（她）比我胖。

我瘦过佢。

ngo sau gwo kui
我比她（他）瘦。

佢高过我。

kui go gwo ngo
他比我高。

_____快过_____。

- -

巴士
ba si
公交车

的士
dick si
出租车

地铁
dit tit
地铁

电车
din cheh
电车

电单车
din daan cheh
摩托车

单车
daan cheh
自行车

会话很easy

会话一

A：去香港好定去日本好呀？
hui heung kong ho ding hai hui yat boon ho ah
去香港好还是日本好呢？

B：香港消费平过日本。
heung kong siu fai ping gwo yat boon
香港消费比日本便宜。

A：咁我哋去香港啦！
gam ngo dei hui heung kong la
那么我们去香港吧！

会话二

A：你同小英边个大呀？
nei tung siu ying bin goh dai ah
你跟小英谁比较大？

B：小英大过我两岁。
siu ying dai gwo ngo leung sui
小英比我大两岁。

208

* 对别人生气时——多得你唔少。

英语"thank you very much"有两种用法，一是谢谢、另一是讽刺。同样的，广东话中这一话同时含有讽刺的用法，有责怪别人的意味，意思是"都是因为你，我才会弄得那么的糟糕"。

A：害我又要重做，真系多得你唔少。

害我又要重做，真是拜你所赐。

小词库

· **香港**
heung kong
香港

· **日本**
yat boon
日本

· **消费**
siu fai
消费

· **平**
ping
便宜

· **小英**
siu ying
小英

· **两岁**
leung sui
两岁

"网"里寻他千百度
三言两语说不完

小明：

你哋去晒边AR……?
好耐冇见你哋LA……
留言比我吖~~

你们去哪里了?
好久没有看到你们了,
留言给我吧!

阿柴：

　　我好挂住妳喔！

　　我好想你啊！

小明：

今年圣诞都唔知自己想点，
有冇去过网吧度打机呀？

今年圣诞节不知道要做什么好，
有没有去过网吧打游戏呢？

Sakura:
hihi~！各位网友~
好耐无见啦~
近排点呀？

嗨! 各位网友~
好久不见了~
近来好吗?

小明：
　　近排想整网页……
　　而响设计上有D问题想请教
　　Patrick大人……

　　　近来想做网页……
　　　在设计上有些问题想请教
　　　Patrick大人……

ALICE：

咁点解而家D人又唔上嚟嘅？
有冇人可以话俾我知点解呀？唔该～

为什么现在没有人上来？
有没有人可以告诉我为什么？谢谢～

yee：

请问我嗰餐buffet几时有着落呀???

请问我的那一顿自助餐什么时候可以吃?

凤爪：

听日放学我同包包要课外活动wor！
陪唔到你去图书馆借书wor，星期二先la？

明天下课我跟包包有课外活动啊！
不能陪你去图书馆借书，星期二去吧？

偶像名字大追踪

你是不是追港星一族？是不是常被港剧所吸引？爱看香港娱乐新闻，却不知道偶像明星的名字怎么念？请别着急，从今天起，你就可以大胆的说出自己喜欢的偶像的名字了！

艺人	偶像名字	发音
女歌手	陈慧琳	chan wai lam
	郑秀文	jeng sau man
	莫文蔚	mok man wai
	梁咏琪	leung wing kei
	王　菲	wong fei
	杨千桦	yeung chin wa
	容祖儿	yung jo yi
	袁彩云	yuen choi wan
	佘诗曼	se si man
	陈慧珊	chan wai san

男歌手	张学友	cheung hok yau
	郭富城	kwok fu sing
	黎 明	lai ming
	刘德华	lau tak wa
	陈晓东	chan hiu tung
	古巨基	gu kui gei
	张国荣	cheung kwok wing

女影星	周慧敏	jau wai man
	杨采妮	yueng choi lei
	李嘉欣	lei ga yan
	郭可盈	kwok hoi ying
	周海媚	jau hoi mei
男影星	成 龙	sing lung
	周星驰	jau sing chi
	周润发	jau yun faat
	林文龙	lam man lung
	李克勤	lei hak kan

图书在版编目（CIP）数据

从零开始学广东话这本就够 / 施铭玮编著. —北京：
中国纺织出版社，2016.6（2024.11重印）

ISBN 978-7-5180-2522-0

Ⅰ.①从… Ⅱ.①施… Ⅲ.①粤语—口语 Ⅳ.
①H178

中国版本图书馆CIP数据核字（2016）第070472号

原文书名：我的第一本廣東話：初學廣東話最強的入門書
作者：施铭玮
©2014 哈福企业有限公司
中文简体版：©2016 中国纺织出版社
本书中文简体版经哈福企业有限公司授权，由中国纺织出版社独家出版
发行。本书内容未经出版者书面许可，不得以任何方式或任何手段复
制、转载或刊登。
著作权合同登记号：图字：01-2015-6003

策划编辑：张向红　　　　　　　　　责任编辑：张向红
责任设计：林昕瑶　　　　　　　　　责任印制：储志伟

中国纺织出版社出版发行
地　　址：北京市朝阳区百子湾东里A407号楼　邮政编码：100124
销售电话：010—67004422　传真：010—87155801
http://www.c-textilep.com
E-mail: faxing@c-textilep.com
中国纺织出版社天猫旗舰店
官方微博 http://weibo.com/2119887771
河北延风印务有限公司印刷　各地新华书店经销
2016年6月第1版　2024年11月第18次印刷
开　　本：880×1230　1/32　印张：7
字　　数：200千字　定价：32.80元